Projektheft KITA

AF550132

Schau mal her
Ich bin fit im Straßenverkehr

Andrea Sölkner

Praxisbausteine zur **Verkehrserziehung**

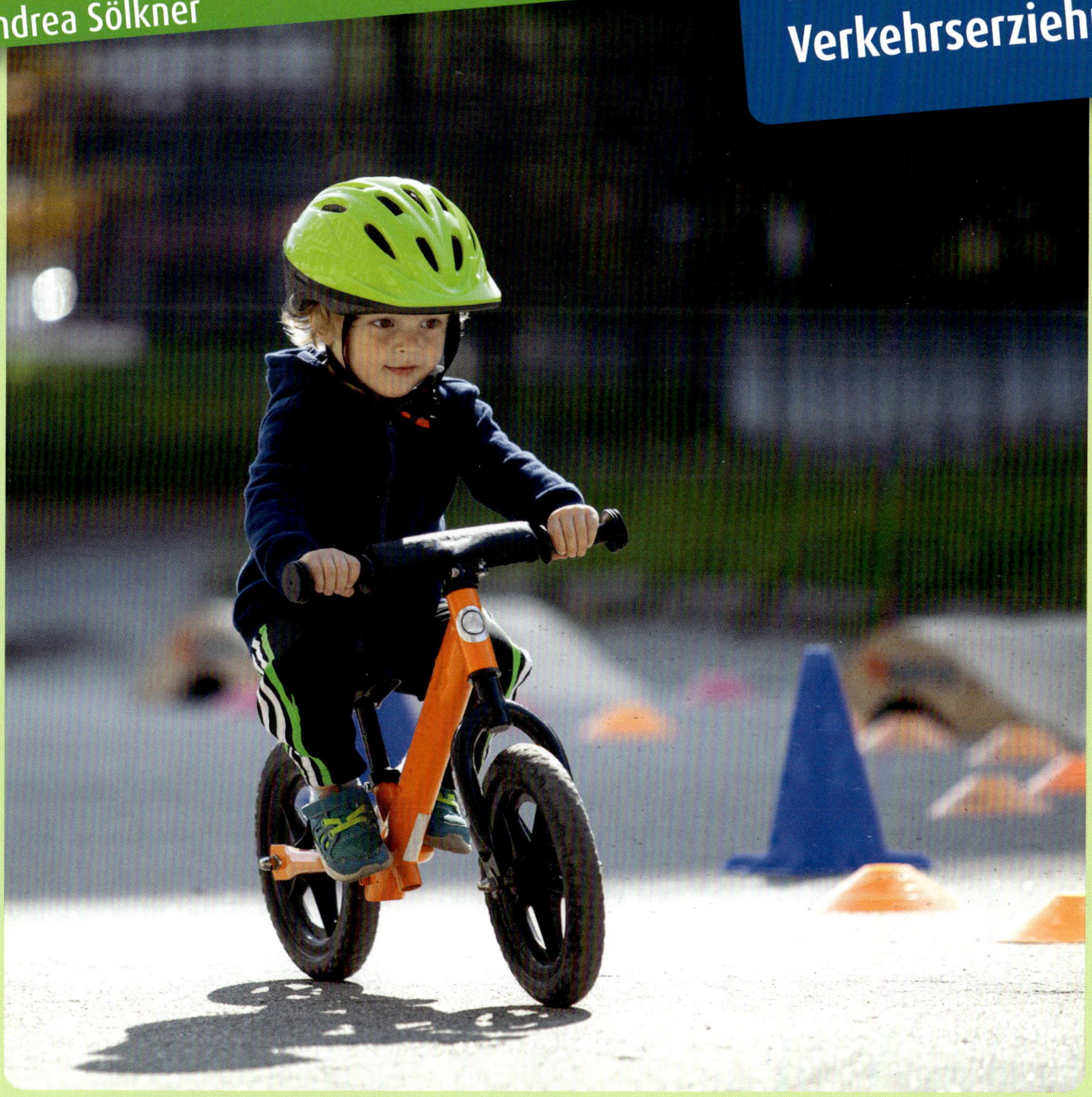

Verlag an der Ruhr

Titel
Schau mal her – Ich bin fit im Straßenverkehr
Praxisbausteine zur Verkehrserziehung

Autorin
Andrea Sölkner

Umschlagmotiv
Kleiner Junge auf Fahrrad © Ksenina Lev – Shutterstock.com

Rahmenlayout-Elemente
Silhouette Junge auf Fahrrad, Junge mit Roller © Hibrida,
Verkehrsschilder © stockphoto – alle Shutterstock.com

Fotos im Innenteil
wenn nicht anders angegeben: Andrea Sölkner

Satz und Layout
Q. Gute Grafik, Köln

Druck
Athesia Druck GmbH, Bozen, IT

Geeignet für Kinder von 3–6 Jahren

Urheberrechtlicher Hinweis
Das Werk und seine Teile sind urheberrechtlich geschützt. Jede Verwendung in anderen als den gesetzlich zugelassenen Fällen oder außerhalb dieser Bedingungen bedarf der vorherigen schriftlichen Einwilligung des Verlages. Im Werk vorhandene Kopiervorlagen dürfen vervielfältigt werden, allerdings nur für den eigenen Gebrauch in der jeweils benötigten Anzahl. Die dazu notwendigen Informationen (Buchtitel, Verlag und Autorin) haben wir für Sie als Service bereits mit eingedruckt. Diese Angaben dürfen weder verändert noch entfernt werden.
Der Verlag untersagt ausdrücklich das Herstellen von digitalen Kopien, das digitale Speichern und Zurverfügungstellen dieser Materialien in Netzwerken (das gilt auch für Intranets von Schulen und sonstigen Bildungseinrichtungen), per E-Mail, Internet oder sonstigen elektronischen Medien außerhalb der gesetzlichen Grenzen. Kein Verleih. Keine gewerbliche Nutzung.
Näheres zu unseren Lizenzbedingungen können Sie unter www.verlagruhr.de/lizenzbedingungen/ nachlesen.

Soweit in diesem Produkt Personen fotografisch abgebildet sind und ihnen von der Redaktion fiktive Namen, Berufe, Dialoge u. Ä. zugeordnet oder diese Personen in bestimmte Kontexte gesetzt werden, dienen diese Zuordnungen und Darstellungen ausschließlich der Veranschaulichung und dem besseren Verständnis des Inhalts.

© Verlag an der Ruhr 2021
ISBN 978-3-8346-4523-4

Inhalt

Vorwort

Es gibt viele Gründe, warum es für Kinder nicht einfach ist, Gefahren im Straßenverkehr richtig einzuschätzen und den Überblick zu bewahren. Dazu zählen der zunehmende Verkehr, das Einschätzen der Geschwindigkeit, die noch eingeschränkte Wahrnehmung im Bereich Hören und Sehen und die geringere Körpergröße. So werden sie leicht übersehen, z. B. hinter parkenden Autos. Oft sind Autofahrer*innen auch unter Zeitdruck oder abgelenkt durch das Radio oder das Smartphone.

Auf dem Weg zur Kita gibt es zudem viele interessante Dinge zu entdecken: Steine, Blumen, die Nachbarin auf der gegenüberliegenden Straßenseite oder ein Hund, der mit seinem Besitzer gerade vorbeimarschiert – all dies zieht die Aufmerksamkeit der Kinder auf sich. Ihre Konzentration auf den Straßenverkehr lässt nach. Auch sind sie in diesem Alter viel eher impulsgesteuert. So springen sie einem Ball, der auf die Straße rollt, hinterher, ohne dabei an die Gefahr eines herannahenden Autos zu denken.

© Sergey Novikov – Shutterstock.com

Deshalb ist eine gute Vorbereitung auf den Verkehrsalltag sehr wichtig. Das gibt Kindern die nötige Sicherheit, um Unfällen vorzubeugen und sich sicher und selbstbewusst im Straßenverkehr zu bewegen.

- Eine gute Kenntnis der wichtigsten Verkehrsregeln und Verkehrszeichen,
- Tipps für das sichere Überqueren der Straße,
- die Förderung der Wahrnehmungs- und Reaktionsfähigkeit und
- praktische Übungssituationen im Umfeld oder bei Ausflügen

helfen unseren jüngsten Verkehrsteilnehmer*innen, ein gutes Bewusstsein für die Gefahren des Straßenverkehrs zu schaffen, das Erlernte anzuwenden und sich sicher durch den Straßenverkehr zu bewegen.

Eine gute Schulung der visuellen und akustischen Sinne sind wesentliche Komponenten im Straßenverkehr. Es kann lebensnotwendig sein, ein Auto zu hören, seine Entfernung richtig einzuschätzen und rechtzeitig zu sehen. Deshalb ist es wichtig, das Gehör entsprechend zu trainieren und zu sensibilisieren, frei nach dem Motto: Ohren spitzen und Augen schärfen!

Die Vorbildwirkung der Erwachsenen und der größeren Kinder als aktive und passive Verkehrsteilnehmer*innen ist dabei von wesentlicher Bedeutung, denn Kinder ahmen das Verhalten der Größeren nach.

Ein Bewusstsein dafür, was passieren könnte, wenn man plötzlich auf die Straße springt, nicht angeschnallt im Auto sitzt oder ohne Fahrradhelm einen Sturz hat, sensibilisiert die Kinder dafür, entsprechend vorsichtig zu reagieren und zu handeln. Wir können also sehr viel für unsere eigene Sicherheit im Straßenverkehr tun.

Ich wünsche Ihnen viel Freude bei der Umsetzung Ihrer Projektarbeiten.

Ihre Andrea Sölkner

Der Verlag an der Ruhr legt großen Wert auf eine geschlechtergerechte und inklusive Sprache. Daher nutzen wir bevorzugt das Gendersternchen, um sowohl männliche und weibliche als auch nichtbinäre Geschlechtsidentitäten einzuschließen. Alternativ verwenden wir neutrale Formulierungen.

Ein „Fit im Straßenverkehr-Projekt“ im Kindergarten

© Studio G photography – Shutterstock.com

Das Projekt gemeinsam planen

Die Ideen und Angebote in diesem Buch können Sie einzeln und unabhängig voneinander mit den Kindern durchführen. Sie können aber auch ein „Fit im Straßenverkehr-Projekt" daraus machen, das über einen Tag, eine Woche oder sogar über mehrere Monate geht.

Was ist Projektarbeit?

Projektarbeit basiert auf situationsorientiertem Lernen für Kinder in ihrer eigenen Umwelt. Durch die vielseitigen und von den Kindern individuell mitgestalteten Angebote werden verschiedene Kompetenzen und lebenspraktische Fähigkeiten ganzheitlich gefördert und wichtige Selbstlernprozesse angestoßen. Projektarbeit ist gekennzeichnet durch Mitbestimmung, Partizipation und Selbsttätigkeit. Die Mädchen und Jungen werden in den Planungs- und Gestaltungsprozess einbezogen. Dadurch steht das Interesse am Thema stärker im Vordergrund und die Kinder erfahren Selbstwirksamkeit.

Überlegen Sie im Team und mit den Kindern, wie Sie ein gemeinsames Projekt umsetzen. Der Kita-Alltag bietet unzählige Möglichkeiten und Themen für die Projektarbeit. Anlass dafür können Erlebnisse, Interessen oder Ideen der Kinder sein. Die Themenauswahl eines Projekts richtet sich nach den Bedürfnissen und Interessen der Kinder oder einer Kindergruppe, wie z. B. das Thema Verkehrserziehung für zukünftige Schulanfänger*innen. Diese Themen werden dann aufgegriffen und entsprechend auf- und vorbereitet.

Verkehrssicherheit ganzheitlich erfassen

Unter „Ideen & Angebote" finden Sie pädagogische Inhalte, um die wesentlichen Themen der Verkehrserziehung spielerisch und ganzheitlich zu erfassen und gemeinsam mit den Kindern in Projekten umzusetzen. So geben Sie ihnen Freiraum und Partizipationsmöglichkeiten, um eigene Ideen und Interessen zu vertreten, zu gestalten und durchzuführen. Neugierig und motiviert nähern sie sich den Themen und erhalten durch die Vielfältigkeit der Projektangebote einen ganzheitlichen Lernerfahrungsschatz:

1) Sprachliche Fähigkeiten

Geschichten, Gedichte und Theater – hier gilt: hinhören, verstehen, merken und anwenden. Das sind wichtige Komponenten zur Sensibilisierung und Anwendung des Gelernten im Straßenverkehr. Auch das Verstehen, Visualisieren und Verbalisieren von „links" und „rechts" können lebensrettend sein.

2) Soziales Lernen

Beim Spielen und im Straßenverkehr entstehen schöne Gelegenheiten für soziale Lernsituationen. Von jedem Kind werden gefordert: gegenseitige Rücksichtnahme, Achtsamkeit und Geduld. Doch nicht nur das Miteinander wächst, sondern auch das Selbstwertgefühl, wenn es gelingt, eine Straße allein zu überqueren. Vor allem aber erfahren Kinder Selbstwirksamkeit in der Projektarbeit, woraus sich später ein Verantwortungsbewusstsein für sich und die Gesellschaft entwickelt.

3) Bewegung und Körperwahrnehmung

Schnelle körperliche Reaktionsfähigkeit und die eigene Körperwahrnehmung sind im Straßenverkehr wichtig. Mit diesen Fähigkeiten gelingt es den Kindern, Gefahren rechtzeitig wahrzunehmen und angemessen darauf zu reagieren, z. B. indem sie stehen bleiben oder ausweichen.

4) Sinneswahrnehmung

Die visuelle und die akustische Sinneswahrnehmung spielen bei der Verkehrserziehung mit Kindern eine sehr wichtige Rolle. Durch die lustigen Spielangebote in diesem Buch sensibilisieren Sie die Mädchen und Jungen für die unterschiedlichen Reize im Straßenverkehr. So gelingt es ihnen z. B., herauszufiltern, woher der Lärm oder die Gefahrenquellen kommen.

5) Musik- und ästhetische Bildung

Lieder und kreative Angebote machen Kindern nicht nur Spaß, sie helfen ihnen auch, Inhalte besser zu verinnerlichen.

6) Mathematische Bildung

Folgende geometrische Formen fließen mit ein bei der Betrachtung der Verkehrszeichen: Dreieck, Kreis, Rechteck oder Quadrat. Auf einigen Verkehrsschildern können die Kinder auch Zahlen erkennen.

7) Materialien und Medieneinsatz

Bei den Angeboten in diesem Buch kommen viele unterschiedliche Materialien und Medien zum Einsatz, wie Rollbretter, Kegel, Seile, Rhythmiktücher, Decken, Spielfahrzeuge, selbst gemachte Kartonfahrzeuge, Instrumente, Augenmasken, Lärmschutzkopfhörer, CD-Player, Bilder mit Verkehrszeichen, Taschenlampen, fluoriszierende Reflektoren und Schutzjacken.

8) Kognitive Angebote

Alle Spiele zur visuellen und akustischen Reaktion, zur Links- und Rechtsorientierung, zum Verstehen und Merken der Verkehrszeichen sowie das Nachdenken über das richtige Verhalten im Straßenverkehr fördern die kognitive Denkfähigkeit der Kinder.

Inhalt und Themen

Das vorliegende Buch ist in zehn Themenbereiche gegliedert. Wählen Sie für Ihr Projekt einen dieser Bereiche aus oder bedienen Sie sich aus allen Themenfeldern, um ein größeres Projekt durchzuführen:

1. Reaktionsspiele im Bewegungsraum
2. Spiele zur Sensibilisierung der Sinne
3. Das Überqueren der Straße
4. Sicherheit im Straßenverkehr
5. Verkehrszeichen und Verkehrsregeln
6. Spiele zur Rechts- und Linksorientierung
7. Die Polizei
8. Theater und Geschichten
9. Elternbrief
10. Gedichte und Lieder

Zeitlicher Rahmen des Projekts

Überlegen Sie, ob das Projekt über ein paar Tage, Wochen stattfinden oder fest in den Jahreskreis eingebunden werden soll. Informieren Sie die Eltern und beziehen Sie diese gegebenenfalls mit ein. Gemeinsam im Team erstellen Sie einen Jahresplan, wann die Projektthemen durchgeführt werden können und wer welchen Verantwortungsbereich übernimmt.

Planen Sie gemeinsam Ihr Projekt

Bei der Planung Ihres Projekts sollte stets im Vordergrund stehen, was die Kinder wissen und lernen wollen. Gehen Sie gemeinsam folgende Fragen durch und halten Sie die Ideen der Kinder fest, z. B. mit Zeichnungen an einem Plakat.

**1) Wie wollen wir unser Projekt „Fit im Straßenverkehr" umsetzen?
Welche Themen soll es beinhalten?**

- Hier dürfen die Kinder sich ganz frei äußern. Nehmen Sie alle Ideen auf, ohne sie zu bewerten.

STOP **Achten Sie bei der Planung auf eine Vielfalt an Angeboten, die unterschiedliche Lerninhalte umfassen: Kreativität, Sprache, Musik, soziales Lernen, kognitive Inhalte und Bewegung. So bewahren Sie den ganzheitlichen Aspekt des Projekts, der für die Entwicklung der Kinder sehr wertvoll ist.**

2) Wie starten wir am besten in das Projekt?

- Das können z. B. Geschichten, Verkehrssituationen, die sie mit den Kindern im Alltag erfahren, oder eigene Erlebnisse sein, von denen die Kinder berichten.
- Im Morgenkreis können Geschichten erzählt oder eine Theateraufführung durchgeführt werden.

3) Wie können wir das richtige Verhalten im Straßenverkehr und die Verkehrsregeln am besten üben und vertiefen?

- Das gelingt z. B. durch Übungen im Turnraum, das Überqueren einer richtigen Straße oder mit eigenen Fahrzeugen auf dem Außengelände.

4) Welche Materialien brauchen wir für das Projekt?

- Wenn Sie gemeinsam Verkehrszeichen für die Spiele selbst herstellen, lernen die Kinder sie am besten kennen.
- Auch Polizeiautos, Kulissen oder Kostüme können Sie mit den Kindern selbst herstellen.
- Vielleicht haben die Kinder Spiele und Bücher zum Thema, die sie mitbringen können.
- Einige haben bestimmt auch Kostüme, um im Bereich Rollenspiel gemeinsam eine Polizeiwache zu eröffnen.
- Vielleicht können die Eltern ein paar Materialien zur Verfügung stellen?

5) **Kennt ihr eine Person, die beruflich mit dem Thema Verkehrserziehung zu tun hat und die wir bei der Arbeit besuchen könnten?**

- Vielleicht gibt es Eltern oder Bekannte, die bei der Polizei oder anderen Institutionen der Verkehrssicherheit, wie Autowerkstätten, dem TÜV oder einer Fahrschule, tätig sind. Dann bietet sich hier eine Einladung und ein Ausflug an.

Sammeln Sie alle Ideen und treffen Sie dann gemeinsam eine Auswahl, z. B. bei einer Kinderkonferenz. Die Anzahl der ausgewählten Ideen hängt von der Dauer Ihres Projekts ab. Je länger Ihr Projekt angelegt ist, desto mehr Ideen und Inhalte können Sie gemeinsam umsetzen.

Wie funktioniert eine Kinderkonferenz?

1. Alle Kinder treffen sich gemeinsam im Sitzkreis.
2. Jedes Kind bekommt einen Spielstein, um abstimmen zu können.
3. Tragen Sie das Thema der Konferenz an die Kinder heran.
4. Alle dürfen sich dann mit einem Handzeichen zu Wort melden und Ideen, Fragen und Meinungen beitragen. Natürlich darf auch gern eine Diskussion entstehen.
5. Um eine Mehrheitsentscheidung zu treffen, stimmen die Kinder dann wie folgt ab: Legen Sie Bilder auf den Boden, auf denen die Entscheidungsoptionen abgebildet sind. Die Kinder legen nun ihren Spielstein auf einem der Bilder ab.

Überlegen Sie in Ruhe, ob alle Ideen umsetzbar sind. Vielleicht brauchen einige Ideen auch die Unterstützung von Eltern, des Gemeindebauhofes oder der Polizei?

STOP **Sprechen Sie offen und ehrlich mit den Kindern, wenn sich eine Idee nicht realisieren lässt, und erklären Sie, woran das liegt. Das demotiviert Kinder nicht, sondern zeigt ihnen nur, dass die Möglichkeiten begrenzt sind.**

Erstellen Sie gemeinsam einen Projektplan

Erstellen Sie mit den Kindern ein Plakat, auf dem Sie die Ideen, die Sie umsetzen wollen, am besten in Bildern oder mit Zeichnungen darstellen. So wissen die Kinder, was an den einzelnen Tagen gemacht wird (Bilderbuch für Geschichte, Fahrzeug für konkrete Spiele am Verkehrsplatz, Schere und Klebstoff für ein Bastelprojekt usw.). Bereiten Sie die Vorlage für das Plakat vor, indem Sie je nach Länge des Projekts einen Tages-, Wochen- oder Monatsplan erstellen.

	Mo	Di	Mi	Do	Fr
1. Aktivität					
2. Aktivität					

TIPP

Verwenden Sie einen Kalender-Jahresplan, um einen Monatsplan des Projekts für die Kinder zu veranschaulichen. Arbeiten Sie mit einfachen Symbolen. Hängen Sie den Plan an die Tür Ihres Gruppenraumes.

So veranschaulichen Sie den Kindern den Projektablauf. Vielleicht bieten zwei Kolleg*innen ein Thema zur gleichen Zeit an und die Kinder wählen selbst aus, an welcher Aktivität sie teilnehmen möchten. Verteilen Sie die Aufgaben im Team und klären Sie Verantwortlichkeiten.

Regelmäßiger Austausch mit den Kindern

Bieten Sie den Kindern während der Planung und Durchführung Ihres Projekts regelmäßig Gesprächskreise an. Dadurch geben Sie ihnen die Möglichkeit, dauerhaft zu partizipieren.
Reflektieren Sie auch regelmäßig gemeinsam bereits umgesetzte Projektinhalte. Was war gut? Was geht besser? Was soll weiter vertieft werden? Planen Sie am Ende zusammen, wie die Projekterlebnisse und -ergebnisse präsentiert werden sollen.

Das Projekt gemeinsam umsetzen

Einstieg in das Projekt

Zur Einstimmung auf das Projekt eignen sich die Geschichten aus diesem Buch, ein Spaziergang in der Umgebung oder Spiele mit Fahrzeugen auf dem Außengelände. Im Anschluss daran bietet sich ein Gesprächskreis mit den Kindern an.

Gesprächskreis – so geht's

Ein Gesprächskreis findet im Stuhlkreis statt. Beginnen Sie nach dem Einstieg in das Projekt ein Gespräch mit den Kindern. Greifen Sie ihre Erfahrungsberichte dazu auf. Stellen Sie Impulsfragen zu den Einstiegsangeboten und zum Thema Verkehrssicherheit allgemein. Das können z. B. folgende sein:

- Was wisst ihr bereits über die Sicherheit im Straßenverkehr?
- Was interessiert euch noch an diesem Thema?
- Was gefällt euch an dem Thema besonders gut?

Aus diesem Gesprächskreis können Sie bereits entnehmen, wie groß das Interesse der Kinder an dem Thema ist und auf welchem Wissensstand sie sind.

Beginnen Sie jede weitere Projekteinheit stets mit einem Gesprächskreis, um die Kinder auf die jeweiligen Inhalte einzustimmen.

Die Inhalte und Angebote Ihres Projekts

Schauen Sie, in welcher Form Sie die Themenwünsche und Ideen der Kinder umsetzen. Viele Angebote und Anregungen finden Sie in diesem Buch. Durch die gemeinsame Gestaltung kann jede Projektarbeit völlig anders aussehen.

1) Spiele

Das Buch enthält Spiele zur Förderung der akustischen und visuellen Sinneswahrnehmung und Reaktionsfähigkeit, die für die Verkehrserziehung sehr wichtig sind. Diese können sowohl drinnen als auch draußen durchgeführt werden. Zwischendurch können sich die Kinder auch im Freispiel mit dem Thema Verkehrssicherheit auseinandersetzen. Stellen Sie Kostüme bereit, um das Rollenspiel zu fördern, und andere Spielanregungen zum Thema, wie Spielfiguren (z. B. Polizist*in), Spielzeugautos, Garagen, Fahrbahnen, Straßenverkehrsteppich, Puzzle und Verkehrsschilder.

© Sergey Novikov – Shutterstock.com

2) Einsatz von Medien

Lesen Sie den Kindern passende Bilderbücher zum Thema Verkehrssicherheit vor und schauen Sie nach Hörspielen oder Liedern in Ihrem Fundus.

3) Kreative Angebote

Auch aus kreativer Perspektive können sich die Kinder dem Thema nähern. Verkehrszeichen sind ganz einfach nachzumalen. Kreativ werden die Kinder auch, wenn sie die Präsentation ihrer Projektergebnisse mitgestalten.

4) Ausflüge

Abwechslungsreich wird es für die Kinder, wenn Sie sich mit ihnen in den richtigen Straßenverkehr begeben. Machen Sie einen Spaziergang durch den Ort, um die Straße zu überqueren, Straßenschilder zu suchen und das Verhalten anderer Verkehrsteilnehmer*innen zu beobachten und zu besprechen.

5) Expertenbesuch

Der Austausch mit Expert*innen ist für viele Kinder sehr interessant. Daher eignen sich Ausflüge oder

Besuche für Projekttage sehr gut. Infrage kämen z. B. Expert*innen aus Verkehrsclubs oder bei der Polizei. Auch dazu finden Sie in diesem Buch Ideen.

6) Experimente

Zum Thema „Sicherheit im Straßenverkehr" gibt es auch spannende Experimente, die Sie mit den Kindern durchführen können, wie z. B. das Fahrradhelm-Sturzexperiment oder den Crashtest im Rutschauto. Die Kinder erfahren so, wie wichtig es ist, einen Helm zu tragen oder sich im Auto anzuschnallen.

Präsentation der Projektergebnisse

Die Kinder haben sich viel Mühe gegeben, das Projekt zu gestalten. Sie haben viel gelernt und gemeinsam erlebt. Das muss natürlich gewürdigt werden, und zwar in einem gebührenden Abschluss am Ende des Projekts.

Hier sind Ihren Ideen keine Grenzen gesetzt:

- Führen Sie z. B. eine Verkehrsvorführung auf einem Kita-Fest auf.
- Stellen Sie die Projektergebnisse in einer Ausstellung mit einem Plakat, Fotoserien oder Kunstwerken der Kinder zum Thema Verkehrserziehung vor.
- Veranstalten Sie einen Spielenachmittag mit den Eltern mit Geschicklichkeitsspielen und einem Hindernisparcours, die die Eltern und Kinder gemeinsam bewältigen dürfen. Hier können die Kinder ihren Eltern ganz stolz zeigen, was sie gelernt haben.
- Führen Sie ein Quiz durch.
- Auch eine Powerpoint-Präsentation mit einem Beamer ist möglich.

Sammeln Sie während des Projekts alle Bilder der Kinder. Machen Sie regelmäßig Fotos und kleine Videos.

Einbeziehung der Eltern

Informieren Sie die Eltern rechtzeitig über das Projekt. In diesem Buch finden Sie den passenden Elternbrief. So wissen sie, womit sich die Kinder in der Kita beschäftigen, und sind vorbereitet, wenn sie die Eltern um Materialien, wie Bücher oder Kostüme, bitten.

Viele Eltern sind gern bereit, Sie bei Ihren Ausflügen zu begleiten. Auch beim Abschlussfest des Projektes können sie bei der Gestaltung mithelfen, wie z. B. beim Malen von Plakaten, Betreuen von Spielestationen oder mit einer Jause fürs Buffet.

Was ist noch wichtig?

Grundsätzlich wichtig ist immer Wachsamkeit, denn Kinder reagieren meist spontan und ihr Verhalten ist nicht leicht vorhersehbar.

Tragen Sie zum Schutz der Kinder immer Warnwesten, wenn Sie in der Nähe einer Straße sind. So sind Sie alle schneller und besser für andere Verkehrsteilnehmer*innen zu sehen.

© 3DMI – Shutterstock.com

Gehen Sie als Erwachsene*r immer am äußeren Gehsteigrand. Das gilt auch für die größeren Kinder. Die jüngeren Kinder gehen innen. Das ist sicherer. Die älteren Kinder begleiten die Kleinen und achten darauf, dass sie nicht davonlaufen.

Behalten Sie immer die gesamte Gruppe im Auge. Wenn die Kinder einzeln oder zu zweit bei einer Übung die Straße überqueren dürfen (Vorschulkinder), stehen Sie und Ihre Kolleg*innen immer in Reichweite, um in einer gefährlichen Situation schnell reagieren und einschreiten zu können.

Ideen & Angebote für die Projektarbeit

1 Reaktionsspiele im Bewegungsraum

Hör genau hin! – Akustische Reaktionsspiele

© Sergiy Bykhunenko – Shutterstock.com

Wenn ein akustischer Reiz wahrgenommen wird, ist Konzentration nötig, um diesen verarbeiten und schnell darauf reagieren zu können. Ein herannahendes Auto kann so rechtzeitig gehört und die Straße sofort verlassen werden. Oder jemand warnt eine Person vor einer Gefahr, indem er „Vorsicht!" ruft. Dann müssen wir schnell reagieren können, z. B. indem wir einen Schritt zurücktreten. Für den Straßenverkehr kann diese Wahrnehmungsfähigkeit lebenswichtig sein.

Mit den folgenden Spielen fördern Sie die akustische Wahrnehmungsfähigkeit der Kinder. Führen Sie die Spiele ruhig öfter durch, da im Straßenverkehr visuelle Reize dominieren, sind wir es nicht gewohnt, genau hinzuhören. Zudem können Kinder noch nicht so schnell auf akustische Signale reagieren wie Erwachsene.

© photosync – Shutterstock.com

Laut führen, blind folgen

Material

- ✔ 1 Augenmaske für jedes Kind
- ✔ Rasseln

Für die Varianten

- ✔ Instrumente wie Trommel, Glocke, Triangel, Zimbeln, Schlaghölzer oder Klangbausteine
- ✔ Kegel, Hocker, Sessel etc. als Hindernisse

Vorbereitung

Besprechen Sie gemeinsam die Spielregeln. Teilen Sie die Gruppe in zwei Kleingruppen, die sich bei den Übungen abwechseln. Es ist ratsam, langsam durch den Raum zu gehen, um den Kontakt zum Partnerkind nicht zu verlieren und Richtungsänderungen rechtzeitig ausführen zu können.

So geht's

Die Kinder gehen zu zweit. Jeweils ein Kind bekommt eine Augenmaske aufgesetzt und das jeweils andere Kind eine Rassel. Dieses führt das „blinde" Kind anhand der Rasselgeräusche durch den Raum. Es darf dabei nicht zu schnell gehen, um seinem Partnerkind akustisch einen sicheren Weg vorzugeben. Bitten Sie die Kinder, ihre Rollen nach fünf Minuten zu tauschen.

Varianten

- Verteilen Sie Hindernisse, wie Kegel oder Hocker, im Raum. Um diese herum sollen sich die Kinder nun bewegen, ohne zusammenzustoßen.
- Ein Kind führt das andere Kind mit Tierlauten oder durch Zurufen von Anweisungen, wie „Vor!", „Zurück!", „Stopp!", „Links!", „Rechts!", „Geradeaus!", „Schneller!", „Langsamer!", „Vorsicht!" usw., durch den Raum. Besprechen Sie im Anschluss, was den Kindern leichter gefallen ist: nur mit Instrumenten durch den Raum geführt zu werden oder mit verbalen Anweisungen?
- Beide Kinder stellen sich hintereinander in derselben Blickrichtung auf. Das hintere Kind bekommt eine Augenmaske aufgesetzt und legt die Hände auf die Schultern des sehenden Kindes. Dieses geht nun langsam los und führt das blinde Kind an seiner Schulter durch den Raum.

© lunamarina - Shutterstock.com

- Einige Kinder verteilen sich als Hindernisse im Raum. Die andere Hälfte legt sich die Augenbinden an und startet von verschiedenen Stellen aus im Raum, um „blind“ Wege zwischen den „Hindernissen“ zu finden, ohne sie anzustoßen. Droht ein Zusammenstoß, gibt das „Hindernis“ ein Geräusch von sich. Das blinde Kind muss nun ausweichen und sich einen neuen Weg suchen.

Stopp-Spiel

Material
- ✔ 1 CD-Player
- ✔ CD mit beschwingter Musik

Für die Varianten
- ✔ 1 Glocke
- ✔ 1 Trommel
- ✔ Gymnastikreifen

Vorbereitung
Legen Sie die Materialien bereit und besprechen Sie die Regeln miteinander.

So geht’s
Die Kinder bewegen sich zur Musik durch den Raum. Wird die Musik gestoppt, sollen sie sofort stehen bleiben und die Bewegung „einfrieren“. Für die Kinder ist es oft nicht einfach, dort, wo sie sich gerade befinden, stehen zu bleiben.

Varianten
- Die Kinder bleiben auf ein akustisches Signal hin (Glocke) oder auf Zuruf sofort stehen.
- Die Kinder bleiben auf ein akustisches Signal hin (Glocke) oder auf Zuruf sofort stehen und laufen zu einem vorher vereinbarten Punkt im Raum, z. B. zur großen Matte oder zur Tür.
- Auf Zuruf einer Zahl (2, 3, 4, 5 oder 6) oder auf das akustische Zeichen einer bestimmten Anzahl von Trommelschlägen hin müssen sich die Kinder in 2er-, 3er- oder 4er-Gruppen zusammenfinden. Dazu können Sie auch Gymnastikreifen am Boden verteilen, in die sich die Gruppen hineinstellen.
- Die Kinder bewegen sich nach dem Rhythmus der Trommel. Mit der Trommel steuern Sie die Geschwindigkeit der Kinder: schneller, langsamer, leiser, lauter oder stopp.

Richtungshören

Material
- ✔ 1 Augenmaske für jedes Kind
- ✔ 1 Wecker

Für die Varianten
- ✔ verschiedene Instrumente: Rassel, Trommel, Triangel, Schlaghölzer usw.

Vorbereitung
Verstecken Sie vor Beginn des Spiels den auf eine bestimmte Weckzeit eingestellten Wecker. Teilen Sie die Augenmasken aus.

So geht’s
Alle Kinder verteilen sich im Raum. Sie bekommen eine Augenmaske aufgesetzt. Wenn der versteckte Wecker läutet, zeigen die Kinder in die Richtung, aus der das Geräusch kommt. Vielleicht hören sie auch schon vorher das tickende Geräusch.

Varianten
- Sie oder ein Kind gehen mit einem Instrument durch den Raum und spielen darauf. Die Kinder zeigen wieder in die Richtung, aus der sie das Geräusch hören.
- Sie verteilen mehrere Instrumente im Raum, gehen abwechselnd zu den verschiedenen Instrumenten und spielen sie. So verändern Sie ständig Ihre Position. Die Kinder sollen zeigen, aus welcher Richtung sie die Geräusche wahrnehmen.

Rote, gelbe, grüne Tücher

Material
- ✔ rote, gelbe und grüne Tücher
- ✔ 1 CD-Player
- ✔ 1 CD mit flotter Musik

Vorbereitung
Geben Sie jedem Kind ein Tuch. Erklären Sie die Spielregeln.

So geht's

Die Kinder bewegen sich nun mit den Tüchern zur Musik durch den Raum. Stoppt die Musik, müssen alle Kinder mit den grünen Tüchern weitergehen, alle Kinder mit den gelben Tüchern rufen „Achtung“ und alle Kinder mit den roten Tüchern bleiben stehen. Wiederholen Sie dieses Spiel mehrmals, um den Ablauf zu festigen. Dann tauschen die Kinder die Tücher untereinander.

Variante

Alle Kinder bewegen sich zur Musik durch den Raum und tauschen im Vorbeigehen mehrmals untereinander die Tücher. Stoppt die Musik, müssen sie sich konzentrieren und darauf achten, welche Farbe sie gerade in der Hand halten, um die passende Bewegung durchzuführen.

Komm mit, lauf weg

Material

- ✔ 2 Schleifen, rot und blau
- ✔ Malerklebeband

Vorbereitung

Kleben Sie mit dem Malerklebeband drei parallele Linien in einem Abstand von je 4–5 m auf den Boden des Raumes und besprechen Sie die Regeln.

So geht's

Zwei Kinder stehen, einander mit dem Gesicht zugewandt, an der mittleren Linie: Ein Kind trägt eine rote Schleife, das andere eine blaue. Auf Zuruf „Rot“ wird das rote Kind zum*zur Fänger*in und versucht, das blaue Kind zu fangen. Das blaue Kind muss sich umdrehen und versuchen, über seine Linie zu kommen. Sobald Sie „Blau“ rufen, wird plötzlich gewechselt. Beide drehen sich um und das Kind mit der blauen Schleife versucht, zu fangen usw. Läuft das zu fangende Kind über die hintere Linie, ist es in Sicherheit und hat gewonnen.

Schau genau hin! – Visuelle Reaktionsspiele

© THEmoments4U – Shutterstock.com

Gute visuomotorische Reaktionen auf Gefahren im Straßenverkehr sowie die richtige Einschätzung von Distanzen und Geschwindigkeiten sind entscheidend für die Sicherheit im Verkehr.

Schnell muss das Gehirn umschalten, um entsprechend reagieren zu können. Kinder sind leicht abgelenkt. Führen Sie die folgenden Spiele zur Förderung der visuellen Wahrnehmungsfähigkeit daher öfters mit ihnen durch.

Autos – Ampelspiel

Material

- ✔ 1 Trommel
- ✔ 3 Tücher, rot, gelb, grün

Für die Kartonautos

- ✔ 1 Obstkarton pro Auto
- ✔ Farben zum Gestalten
- ✔ 2 breite Bänder oder Stoffstreifen pro Auto als Umhängegurte

Für die Variante

✔ 1 Lärmschutzkopfhörer für jedes Kind

Vorbereitung

Legen Sie das Material bereit und erklären Sie die Spielregeln.

BASTELTIPP

Kartonautos basteln – so geht's

Stellen Sie gemeinsam mit den Kindern aus den Obstkartons Autos her:

1. Schneiden Sie aus den Kartons einen Teil des Bodens heraus.
2. Die Kartonautos können nun von den Kindern beliebig bemalt und mit Lichtern aus Kartonscheiben versehen werden.
3. Zwei überkreuzte Schultergurte aus breiten Bändern oder Stoffstreifen werden vorn und hinten befestigt, um das Kartonauto über die Schultern legen zu können. Das Kind stellt sich dabei in das ausgeschnittene Loch und hält das „Fahrzeug" seitlich mit den Händen fest.

So geht's

Die Kinder spielen die Autos und bewegen sich frei zum Trommelrhythmus durch den Raum. Sobald Sie ein rotes Tuch als Ampelsignal in die Höhe halten, sollen die Kinder sofort stehen bleiben und nicht weiterlaufen. Erklären Sie: „Stell dir vor, du hältst an einer Ampel und vor dir steht ein Auto. Bitte bremse rechtzeitig, um ihm nicht hinten aufzufahren."

Wenn Sie das grüne Tuch in die Höhe halten, können die Autos weiterfahren. Wiederholen Sie das Spiel einige Male. So können die Kinder nachempfinden, wie schwierig es ist, abrupt stehen zu bleiben. Deshalb bauen wir nun das gelbe Tuch ein. Wenn Sie dieses in die Luft halten, erzeugen die Kinder ein Motorengeräusch und haben so genug Zeit, ehe sie weiterfahren oder stehen bleiben müssen, je nachdem, ob die Ampel danach auf rot oder grün umschlägt.

TIPP

Anstelle der Tücher können Sie auch einen Arm in die Höhe strecken („Rot"), den Arm nach vorn strecken („Gelb") oder den Arm nach unten hängen lassen („Grün").

Varianten

- Die Kinder bewegen sich mit ihren Kartonautos durch den Raum und machen dabei Motorengeräusche: „brumm-brumm", „tut-tut", „quietsch-quietsch". So können sie sich gegenseitig wahrnehmen oder einander rechtzeitig ausweichen.
- Die Kinder setzen nun die Lärmschutzkopfhörer auf und bewegen sich im Raum umher. Jetzt müssen sie sich mehr auf ihre visuelle Wahrnehmung verlassen, da ihre akustische Reaktion eingeschränkt ist. Wie verhalten sie sich? Fahren sie nun vorsichtiger und langsamer? Vergleichen und besprechen Sie den Unterschied im Anschluss an das Spiel.

Labyrinth

© Seregam - Shutterstock.com

Material

✔ 1–2 Gymnastikseile, 6–10 m lang ggf. aus mehreren Seilen zusammengeknotet

Vorbereitung

Legen Sie mit den Kindern gemeinsam eine große Spirale oder für je zwei Kinder eine Spirale mit den Gymnastikseilen. Knoten Sie dabei je zwei oder drei Seile pro Spielerpaar zusammen. Die Kinder können die Spiralen auch selbst auflegen.

So geht's

Die Kinder gehen in die Spirale hinein und hinaus. Dabei sollen sie langsam gehen und darauf achten, das Seil nicht zu berühren. Mit einem Spruch, den die Kinder selbst langsam sprechen sollen, helfen Sie den Kindern, einen ruhigen Rhythmus beizubehalten, z. B. „Wege gehen, Wege gehen, gib gut auf dich acht. Schau links, schau rechts, geradeaus – so kommst du sicher gut nach Haus."

Ein Auto fährt die Straße entlang

© Robert Kneschke – Shutterstock.com

Material für die Variante

✔ Polizeikelle

BASTELTIPP

Eine Polizeikelle können Sie aus dickem Karton und Filzstiften auch selbst basteln.

Vorbereitung

Besprechen Sie gemeinsam die Spielregeln.

So geht's

Ein Kind steht allein auf der einen Seite des Raumes mit dem Rücken zu den anderen Kindern. Diese befinden sich auf der gegenüberliegenden Raumseite. Das Kind sagt nun laut und deutlich folgenden Satz: „Ein Auto fährt die Straße entlang."

Es kann diesen Satz jederzeit unterbrechen und sich umdrehen. Während es spricht, versuchen alle anderen, ihm leise entgegenzugehen. Sobald das Kind aufhört, zu sprechen, und sich umdreht, müssen alle in ihrer Bewegung erstarren. Wer sich bewegt und erwischt wird, muss zurück an den Anfang gehen oder ist ausgeschieden. Die anderen dürfen stehen bleiben und von dort aus weitergehen. Wer als Erstes das Kind auf der anderen Seite berührt, ist Sieger*in und darf nun dessen Rolle übernehmen.

Variante

Das gleiche Spiel können Sie mit einer Polizeikelle spielen. Wenn das Kind die grüne Seite zeigt, dürfen die anderen Kinder gehen. Sobald es die Polizeikelle auf die rote Seite umdreht, müssen alle stoppen. Schnell dreht sich das Kind dabei um, um zu schauen, wer sich noch bewegt.

Reifenspiel

Material

✔ 1 Gymnastikreifen für jedes Kind

So geht's

Jedes Kind bekommt einen Reifen. Dieser wird nun von den Kindern mit der Hand angeschubst, sodass er durch den Raum rollt. Dann versuchen sie, ihn wieder zu fangen, ehe er zu Boden fällt.

Varianten

- Zwei Kinder stehen einander gegenüber und rollen sich den Reifen zu. Dann müssen sie den Reifen des jeweiligen anderen Kindes fangen, bevor er zu Boden fällt.
- Die Kinder drehen den Reifen und beobachten ihn dabei. Bevor er ins Wanken gerät und zu Boden fällt, versuchen sie, ihn auffangen. Es kann auch ausgemacht werden, dass Sie während des Drehens ein optisches Zeichen geben, bei dem die Kinder den Reifen sofort stoppen müssen.
- Der Reifen wird am Platz gedreht. Wenn er sich etwas langsamer dreht, versuchen die Kinder, hinein- und hinauszuspringen, ohne den Reifen mit den Beinen zu berühren und in der Bewegung abzustoppen.
- Für jedes Kind liegt ein Reifen als Taxi auf dem Boden verteilt. Die Kinder gehen dazwischen spazieren. Auf ein optisches Handzeichen von Ihnen steigt jedes Kind schnell in ein Taxi ein und setzt sich hin. Halten Sie nun ein grünes Tuch hoch, müssen alle schnell das Taxi wechseln und sich in ein anderes setzen. Wiederholen Sie das Ganze und nehmen Sie bei jedem Durchlauf ein Taxi weg. So scheidet immer das Kind aus, das kein Taxi mehr gefunden hat.

Garagenauto

Vorbereitung

Besprechen Sie gemeinsam die Regeln.

So geht's

Teilen Sie die Kinder in zwei Gruppen. Die eine Hälfte verteilt sich im Raum. Sie stellen eine Garage dar, indem sie sich mit gegrätschten Beinen hinstellen. Die anderen Kinder stellen Autos dar, die spazieren fahren. Sobald Sie die Hand heben, müssen alle so schnell wie möglich in eine Garage fahren und sich auf den Bauch unter die Grätsche legen. Danach wird es in jeder Runde eine Garage weniger geben. Das Kind, das keine Garage findet, scheidet aus. Dann tauschen die Kinder ihre Rollen.

Schätze sammeln

Material
- ✔ 10–12 Kegel
- ✔ 1 Rollbrett für jedes Kind
- ✔ 1 Packung Edelsteine, groß
- ✔ 1 Glocke
- ✔ 1 Korb für jedes Kind

Vorbereitung
Verteilen Sie die Kegel im Raum. Verstecken Sie unter einigen von ihnen Edelsteine. Jedes Kind erhält einen eigenen Korb, den Sie im Raum verteilen.

So geht's
Auf ein Handzeichen von Ihnen fahren die Kinder auf ihren Rollbrettern los. Sie müssen dann versuchen, so schnell wie möglich unter die Kegel zu schauen und so viele Schätze wie möglich einzusammeln. Dabei dürfen sie aber jeweils nur einen Edelstein herausnehmen und auf ihr Rollbrett legen. Diesen bringen sie dann zu ihrem Korb und legen ihn hinein, bevor sie erneut auf Schatzsuche fahren. Beenden Sie das Spiel dann mit einem akustischen Zeichen, indem Sie die Glocke betätigen. Wer von den Kindern hat die meisten Schätze gefunden?

Verkehrspolizei

Material
- ✔ Malerklebeband

Vorbereitung
Kleben Sie das Klebeband am Boden wie eine doppelspurige Fahrbahn auf. Markieren Sie an einer Seite die Startlinie. Besprechen Sie gemeinsam die Regeln des Spieles.

So geht's
Die Kinder sind die Autos und stellen sich, in zwei Gruppen aufgeteilt, an den Start der Straße. Nun fahren sie die Straße entlang bis zum Ende und gehen an der Außenseite entlang der Linie zurück an den Start, um dann erneut loszufahren.
Sie sind die Verkehrspolizei, stehen zwischen den zwei Straßen auf der Mittellinie und regeln den Verkehr. Es gelten folgende Verkehrsregeln: Stehen Sie quer zur Straße mit dem Gesicht zu den Autofahrer*innen und strecken beide Arme oder nur einen Arm zur Seite, blockieren Sie die Straße. Das ist das Zeichen für „Stopp!". Die Kinder müssen anhalten. Stehen Sie längs zur Straße, dürfen alle links und rechts an Ihnen vorbei auf ihrer Bahn weiterfahren. Halten Sie eine Hand in die Höhe, dürfen die Kinder rückwärtsfahren.

Flott und wendig! – Schnelligkeitsspiele

© Anna Kraynova – Shutterstock.com

Kinder müssen auf der Straße schnell reagieren können, wenn ein Fahrzeug kommt, das sie vorher nicht gesehen haben. Deshalb müssen sie ihre Bewegungen schnell und oft auch abrupt abbrechen können, z. B. durch Richtungswechsel. Mit diesen Spielen fördern Sie die Geschicklichkeit und Reaktionsfähigkeit der Kinder.

Mattenbahn

Material
- ✔ 8 Gymnastikmatten, rutschfest
- ✔ 1 Trommel
- ✔ 3 Tücher, rot, gelb, grün

Für die Varianten
- ✔ 1 Luftballon für jedes Kind
- ✔ 1 längere Schnur für jedes Kind
- ✔ Hindernisse, wie Kegel, Hocker, Sessel usw.
- ✔ Gymnastikseile

Vorbereitung

Blasen Sie die Luftballons auf und befestigen Sie am Verschluss jeweils eine Schnur. Legen Sie mit den Gymnastikmatten eine Bahn auf dem Boden, in Form eines großen Vierecks. Besprechen Sie mit den Kindern die Regeln und Signale.

So geht's

Die Kinder sind die Autos und fahren auf der Mattenbahn alle in eine Richtung. Dabei dürfen sie nicht von den Matten hinuntersteigen, kein anderes Kind anstoßen oder überholen. Die Kinder bewegen sich wieder zur Trommel, einmal schneller, einmal langsamer. Dabei müssen sie auf optische oder akustische Zeichen achten und reagieren:

- Wenn Sie das rote Tuch heben, müssen die Kinder stehen bleiben, beim grünen Tuchsignal fahren und beim gelben auf der Stelle warten und sich mit den Füßen am Platz bewegen.
- Wenn Sie mit der Handfläche in die Luft ein „Stoppzeichen" geben, müssen die Kinder sofort stehen bleiben.
- Wenn Sie „Stopp" rufen, müssen die Kinder stehen bleiben.
- Mit einem lauten Trommelschlag müssen die Kinder sofort die Richtung wechseln. Den Kindern macht es großen Spaß, plötzlich in die andere Richtung zu fahren. Besonders lustig und wuselig wird es, wenn Sie das Signal mehrere Male hintereinander geben.

Varianten

- Die Kinder bekommen einen aufgeblasenen Luftballon um den Bauch gebunden. Dieser dient als Knautschzone für ihr Auto. Sie dürfen nun beim Fahren das vordere Auto mit dem Luftballon nicht berühren.
- Um die Strecke schwieriger zu gestalten, verteilen Sie Kegel und Hocker auf der Bahn, die als Hindernisse dienen. Die Kinder fahren um die Hindernisse herum, ohne diese oder die anderen Verkehrsteilnehmer*innen anzustoßen.
- Mehrere Kinder hängen sich zu einem Bus zusammen. Gemeinsam fahren sie auf der Straße, ohne einander loszulassen. Bauen Sie auch hier die zuvor erwähnten Signale ein.
- Binden Sie zwei Kinder mit einem Gymnastikseil zu einem Sattelschlepper zusammen. So fahren sie gemeinsam die Straße entlang.
- Sie stellen sich in den Innenbereich der Mattenbahn und spielen ein gefährliches Hindernis, das ganz plötzlich von der Seite auf die Straße kommt. Das kann z. B. ein anderes Auto, eine Steinlawine oder ein Reh sein. Blitzschnell tauchen Sie dann an einer anderen Stelle der Mattenbahn als Hindernis auf. Wird ein Kind getroffen, muss es sich in die Mitte stellen und das nächste Hindernis für die Autofahrer sein.
- Sechs Kinder befinden sich auf der Mattenbahn. Dabei fahren drei in eine Richtung, die anderen drei in die entgegengesetzte Richtung. Vorsicht! Gegenverkehr! Da muss man rechtzeitig ausweichen, damit man mit niemandem zusammenstößt.

Autoscooter

© Computer Earth – Shutterstock.com

Material

- ✔ 1 CD-Player
- ✔ 1 CD mit flotter Musik

Für die Variante

- ✔ 4 Rhythmiksäckchen oder weiche Schwämme

Vorbereitung

Besprechen Sie den Ablauf des Spiels mit den Kindern.

So geht's

Zu einer beschwingten, mittelschnellen Musik bewegen sich die Kinder wie beim Autoscooter durch den Raum. Dabei müssen sie aufpassen, dass sie mit niemandem zusammenstoßen. Fahren kann das Auto nur durch einen Chip, der oben an der Schulter in den Schlitz geworfen wird. Tippen Sie den Kindern auf die Schulter, um das zu simulieren.
Dann fahren die Autos erst einmal herum. Jedes Kind bestimmt selbst, wann es stehen bleibt. Fährt ein anderes Auto vorbei, kann es dem stehenden Auto einen Chip einwerfen, damit dieses wieder weiterfahren kann.

Variante

Als Erweiterung zu diesem Spiel können Sie mit den Kindern eine Waschanlage einrichten. Zwei Kinder stellen sich gegenüber auf. Jedes hat zwei Schwämme oder zwei Rhythmiksäckchen in der Hand. Die anderen Kinder sind die Autos, die durch die Waschanlage

fahren. Dabei werden sie von oben bis unten gründlich durchgeputzt (Massage). Dieses Spiel ist sehr beliebt bei den Kindern.

Seilstraße

Material

- ✔ mehrere Seile
- ✔ 1 Trommel

Vorbereitung

Mit einer sehr langen Seilbahn legen Sie im Raum eine Straße auf: zuerst kreisförmig und später unförmig, sodass Kurven und Engstellen entstehen. Bauen Sie an einer Stelle mit Klebeband einen Zebrastreifen ein.

So geht's

Die Kinder bewegen sich als Autos am Seil entlang, ohne es zu berühren. Dabei dürfen sie sich gegenseitig nicht überholen. Die Kinder bewegen sich zur Trommel, einmal schneller, einmal langsamer. Sie können natürlich auch die zuvor erwähnten Signale einsetzen. Während die Kinder fahren, gehen Sie oder ein anderes Kind immer wieder über den Zebrastreifen. Die Autos müssen dann stehen bleiben. Die Fußgänger*innen müssen dabei nach links und rechts schauen, bevor sie die Straße über den Zebrastreifen überqueren.

Stopp-Ball-Spiel

© FocusStocker – Shutterstock.com

Material

- ✔ 1 Ball

Vorbereitung

Bei diesem Spiel stellen Sie eine Gefahrensituation im Straßenverkehr nach. Eine solche entsteht z. B.,wenn ein Ball auf die Straße rollt. Besprechen Sie daher vor dem Spiel gemeinsam mit den Kindern, wie wichtig es ist, einem Ball nicht nachzulaufen, wenn er auf die Straße rollt. Wiederholen Sie dieses Spiel mehrmals.

So geht's

Zwei oder drei Kinder spielen gemeinsam mit einem Ball. Wenn Sie „Stopp!" rufen, müssen alle Kinder sofort stehen bleiben und ihre Bewegungen einfrieren, auch wenn der Ball gerade davonhüpft.

Verkehrschaos

Material

- ✔ Kegel, Hocker, Sessel
- ✔ 1 Turnmatte
- ✔ 1 Sprungkasten

Für die Varianten

- ✔ Roller, Rutschauto, Dreiräder oder die selbst gebastelten Kartonautos
- ✔ Verkehrsschilder: Stopp, Ampel, Einbahnstraße und Gegenverkehr Vorrang
- ✔ 1 Glocke
- ✔ Malerklebeband

Für die Verkehrsschilder

- ✔ Bastelpappe, dick
- ✔ Acrylfarbe
- ✔ 1 Stift, wasserfest, schwarz

Vorbereitung

Verteilen Sie die Hindernisse im Raum. Bauen Sie an einer Stelle mit der Matte und dem Sprungkasten einen Mattentunnel auf. Bilden Sie mehrere Kleingruppen, die sich bei dem Spiel abwechseln. So haben die Kinder genug Platz. Besprechen Sie gemeinsam die Regeln.

BASTELTIPP

Verkehrsschilder – so geht's

Stellen Sie die Verkehrsschilder gemeinsam mit den Kindern aus dickem Karton her, indem Sie die geometrische Form der Schilder zurechtschneiden. Zeichnen Sie dann die Hauptmerkmale des Schildes und dessen Schriftzüge bzw. Zahlen und auf eine bestimmte Weckzeit eingestellten

So geht's

Die Kinder sind die Autos und fahren schnell herum. Dabei versuchen sie, kein anderes Auto anzustoßen. Kommt es zu einem Aufprall, gilt das als Unfall und das Auto fahrende Kind muss eine Runde aussetzen.

Varianten

- Jedes Kind spielt nun ein Einsatzfahrzeug, z. B. Feuerwehr, Polizei oder Rettung. Zunächst liegen alle auf dem Boden und haben die Augen geschlossen. Sobald Sie die Glocke betätigen, springen sie vom Boden auf und müssen so schnell wie möglich von einer Seite des Raumes zum „Einsatzort" fahren, den Sie vorher bestimmen. Wer ist dabei am schnellsten?
- Verteilen Sie die Verkehrszeichen im Raum. Markieren Sie einen Zebrastreifen mit dem Klebeband. Sie oder ein Kind überqueren den Zebrastreifen zu Fuß. Schauen Sie dabei immer links und rechts, ob kein Auto kommt. Die Autos bleiben stehen und lassen die zu Fuß gehenden Kinder hinüber.

Kutschentaxi

Material

- ✔ 1 Decke

So geht's

Ein Kind kniet auf einer Decke. Ein oder zwei andere Kinder fahren die Kutsche und halten das kniende Kind am Deckenende fest und ziehen es mal schnell, mal langsam, mal nach links und mal nach rechts im Raum herum. Aber Vorsicht in der Kurve, damit die Kutsche nicht zu weit hinausgeschleudert wird. Dann wird getauscht.

Rollbrett

Material

- ✔ 3–4 Rollbretter
- ✔ Kegel und Hocker
- ✔ 3 Rampen
- ✔ Seile
- ✔ Malerklebeband

Vorbereitung

Errichten Sie drei nebeneinanderliegende Bahnen, indem Sie die Kegel oder Hocker geradlinig aufbauen. So können die Kinder im Slalom herumfahren. Machen Sie es spannend, indem Sie auf jeder Bahn noch eine Rampe aufstellen, an der die Kinder sich mit einem Seil entlangziehen, und ein Wegstück, an dem sich die Kinder kniend auf dem Rollbrett am Seil entlangziehen müssen. Das Seil kann z. B. an einem Haken in der Wand mit dem Karabiner, an einer Sprossenwand oder an den Griffen eines schweren Gymnastikkastens befestigt werden.
Markieren Sie die Start- und Ziellinie mit dem Klebeband.

So geht's

Drei Kinder versuchen, kniend auf dem Rollbrett, den Parcours gleichzeitig auf ein beliebiges Startzeichen von Ihnen hin zu bewältigen: Sie müssen um die Hindernisse herum im Slalom fahren, über die Rampe fahren und sich ein Stück an dem Seil entlangziehen, sich auf der Zielgeraden mit den Händen am Boden abstoßen, um schnell zu fahren, und vor der Ziellinie abbremsen, ohne diese zu überfahren.

Ampelparcours

Material

- ✔ Balanciersteine, rot, gelb, grün, evtl. auch andere Farben

Vorbereitung

Bauen Sie den Parcours auf, indem Sie die Balanciersteine in einer Linie oder in Schrittstellung links-rechts positioniert auf dem Boden platzieren.

So geht's

Die Kinder gehen den Parcours entlang: Am roten Balancierstein bleiben sie kurz stehen. Am grünen Balancierstein gehen sie gleich weiter und am gelben rufen sie „Achtung!" und halten kurz inne. Haben Sie noch andere Farbsteine können Sie diese ebenfalls einbauen. Die Kinder können dann einfach ohne Handlung über sie hinwegspazieren.

Roller fahren

Material

- ✔ 1 Gästehandtuch für jedes Kind

Vorbereitung

Geben Sie jedem Kind ein Gästehandtuch.

So geht's

Jedes Kind stellt einen Fuß auf das Handtuch und gibt mit dem anderen Fuß Anschwung wie beim Rollerfahren. So kann es sich mit seinem „Roller" im Raum fortbewegen.

Gehen auf der Linie

Material

- ✔ Malerklebeband

Vorbereitung

Bringen Sie mit dem Klebeband eine gerade Linie am Boden an. Wenn Sie das Spiel draußen spielen, geht das auch mit Kreide.

So geht's

Die Kinder versuchen, auf der Linie zu balancieren, ohne zu stolpern. Sie können auch versuchen, links oder rechts von der Linie entlangzugehen, ohne sie zu berühren.

Autobus

Material

- ✔ mehrere Sprungkästen
- ✔ mehrere Medizinbälle, die im Durchschnitt größer sind als die Sprungkästen

Vorbereitung

Der obere Teil des Kastens bildet den Autobus. Darunter legen Sie die Medizinbälle, wodurch der Kasten nicht mehr ebenerdig stehen kann und somit beweglich ist.

So geht's

Die Kinder stellen sich auf den Kasten, entweder allein oder zu zweit. Jetzt müssen sie versuchen, sich gemeinsam auszubalancieren, um im Autobus das Gleichgewicht zu halten und nicht hinauszufallen.

TIPP

Alternativ können Sie normale Gymnastikbälle unter eine ca. 5 cm dünne Turnmatte legen und diese seitlich durch vier Matten begrenzen. Das bewirkt den gleichen Effekt, wenn die Kinder sich darauf stellen.

2 Spiele zur Sensibilisierung der Sinne

Hör mal! – Akustische Sinnesspiele

© Sharomka – Shutterstock.com

Mit akustischen Sinnesspielen sensibilisieren Sie die Kinder für ihren Hörsinn. So gelingt es ihnen, sich besser auf Geräusche zu konzentrieren und sie zu unterscheiden. Auch leise und lautere Geräusche sollen wahrgenommen werden. Beim Richtungshören lokalisieren sie, woher ein Geräusch bzw. eine Gefahr kommt, und können so entsprechend reagieren.
Die Reizverarbeitung im Gehirn ist wichtig, um Geräusche zu erkennen, richtig zuzuordnen und zu differenzieren. Mit diesen Spielen trainieren Sie diese Gedächtnisleistung der Kinder!

Rasselmemory

Material

- ✔ 16 Kunststoffdosen mit Verschluss, blickdicht
- ✔ Füllmaterialien, z. B. Hirse, kleine Steine, Reis, Schraubenmuttern, Holzperlen, Sand, Watte usw.
- ✔ farbige Klebepunkte

TIPP

Kunststoffdosen erhalten Sie z. B. beim Kauf von Kaugummis, Brausetabletten oder Creme.

Vorbereitung

Füllen Sie jeweils zwei Dosen mit dem gleichen Füllmaterial und der gleichen Menge. Bekleben Sie die Unterseite der Dosen mit den gleichen Farbklebepunkten. So wissen die Kinder, welche Dosen zusammengehören. Ehe Sie den Verschluss zukleben, zeigen Sie den Kindern einmal den Inhalt, da sie sehr neugierig sind. Achten Sie darauf, dass die Dosen unterschiedlich klingen und gut zu unterscheiden sind.

So geht's

Los geht's mit dem Rasselmemory. Die Kinder schütteln die Dosen und versuchen, über die Geräusche herauszufinden, welche Dosen zusammengehören. Als Selbstkontrolle befindet sich an der Unterseite der Dose ein farbiger Punkt.

Richtungshören

Material

- ✔ Instrumente, wie Glocken, Schlaghölzer, Handtrommel, Rasseln usw.
- ✔ 1 Augenmaske für jedes Kind
- ✔ 4 Stühle

Vorbereitung

Stellen Sie drei Stühle mit Abstand zueinander auf. Einen Stuhl stellen Sie dahinter auf.

So geht's

Drei Kinder setzen sich mit dem gleichen Instrument auf die Stühle. Dahinter sitzt ein Kind mit Augenmaske. Abwechselnd machen die anderen Kinder nun mit ihrem Instrument ein Geräusch. Das Kind mit Augenmaske soll nun erraten, aus welcher Richtung das Geräusch kommt. Es können sich auch vier Kinder in allen Ecken des Raumes verteilen und mit dem Instrument spielen. Links, rechts, vorn, hinten – aus welcher Richtung kommt das Geräusch?

Variante

Die Kinder verwenden unterschiedliche Instrumente. Das vereinfacht das Richtungshören.

Haubenspiel

Material

- ✔ 1 Wollmütze für jedes Kind
- ✔ 1 Augenmaske für jedes Kind
- ✔ verschiedene Alltagsgegenstände, mit denen man Geräusche machen kann: Steine, Schneebesen, Schere, Spitzer, Glocke, Pfeife, kleiner Ball etc.

Für die Varianten

- ✔ 1 Lärmschutzkopfhörer für jedes Kind

Vorbereitung
Legen Sie die Materialien bereit. Erklären Sie den Kindern, wie wichtig es ist, im Straßenverkehr gut zu hören und zu sehen, um ein herannahendes Fahrzeug rechtzeitig wahrzunehmen oder einen Unfall vorzubeugen.

So geht's
Jedes Kind im Stuhlkreis setzt eine dicke Wollmütze auf und zieht sich diese gut über die Ohren. Dann setzt jedes Kind eine Augenmaske auf. Nun machen Sie mit den Alltagsgegenständen verschiedene Geräusche:

- in die Hände klatschen
- einen Stein fallen lassen
- mit einer Glocke läuten

Die Kinder versuchen, die Geräusche durch genaues Hinhören richtig zuzuordnen und zu benennen. Fragen Sie sie im Anschluss, wie es ist, mit einer Wollmütze über den Ohren zu hören?

Varianten
- Zum Vergleich setzen die Kinder die Lärmschutzkopfhörer und ihre Augenmasken auf. Wieder machen Sie mit den Alltagsgegenständen verschiedene Geräusche. Fragen Sie die Kinder, wie es ist, die Geräusche mit Kopfhörern wahrzunehmen. Womit geht das Hören besser: mit der Wollmütze oder mit den Kopfhörern?
- Zwei Kinder setzen sich mit dem Rücken zueinander auf einen Stuhl. Eines der Kinder macht ein Geräusch mit einem Gegenstand. Wenn das andere Kind etwas hört, hebt es seine Hand. Dieses Spiel können Sie ebenfalls ohne Hörschutz und mit Haube oder Kopfhörer durchführen.

Die Schatzwache

Material
- ✔ Sitzkissen
- ✔ 1 Augenmaske für jedes Kind
- ✔ Glitzersteine
- ✔ 1 Perlenkette
- ✔ 1 Zwergenmütze
- ✔ 1 Tuch

© J. Palys – Shutterstock.com

TIPP

Wenn Sie ein Tuch für den Schatz verwenden, dämmen Sie damit das Geräusch, das beim Hochheben entsteht.

Vorbereitung
Legen Sie die Schätze, wie Glitzersteine oder eine Perlenkette, bereit.

So geht's
Alle Kinder sitzen im Stuhlkreis und sind ganz leise. Wählen Sie ein Kind aus, das als Zwerg die Schatzwache spielt. Es bekommt eine Augenmaske und die Zwergenmütze aufgesetzt und sitzt in der Kreismitte auf einem Sitzkissen. Legen Sie die Schätze auf das Tuch vor das Sitzkissen. Zeigen Sie geräuschlos auf ein Kind aus dem Stuhlkreis, das sich leise heranschleicht, um den Schatz zu stehlen. Hört die Schatzwache das herannahende Kind, ruft sie „Stopp!" und zeigt in die Richtung, aus der das Geräusch kommt. Wird das stehlende Kind erwischt, wird dieses zur neuen Schatzwache. Wichtig ist, dass alle Kinder im Kreis dabei sehr leise sind.

Schneetest

Material
- ✔ Gegenstände, wie Holzbaustein, Stein, Schere, Perle, Kartonrolle, Gummiball usw.
- ✔ Füllwatte

So geht's
Lassen Sie verschiedene Gegenstände auf den Boden fallen. Die Kinder hören sich die Geräusche genau an. Dann legen Sie die „Füllwatte" auf den Boden, die den Schnee im Winter auf der Straße symbolisieren soll. Wieder lassen Sie die Gegenstände auf den Boden fallen. Wie hört sich das jetzt an? Gibt es Unterschiede? Vergleichen Sie gemeinsam die Geräusche miteinander.

Erklären Sie den Kindern, dass der Schnee die Geräusche auf der Straße abdämpft und die Fußgänger*innen dadurch die Autos viel schlechter bzw. später hören und man deshalb ganz besonders aufpassen muss.

TIPP

Dieses Spiel können Sie im Winter draußen im Garten auch mit echtem Schnee ausprobieren. Lassen Sie die Gegenstände direkt in den Schnee fallen. Können die Kinder etwas hören?

Variante
Diese Variante wird draußen gespielt: Teilen Sie die Kinder in zwei Gruppen. Die eine Gruppe stellt sich im Schnee mit dem Rücken zu den anderen Kindern in einer Reihe auf. Ein Kind spaziert von hinten an die Reihe heran. Wenn die Kinder aus der Reihe das herannahende Kind hören, rufen sie laut „Stopp!". Dieses bleibt dann sofort stehen. Nun drehen sich die Kinder um. Wie nah ist das Kind an die Reihe herangekommen?

Fliegenklatsche

Material
- ✔ Bildkarten: Fliegenklatsche – Welches Geräusch passt? (s. Anhang S. 57)
- ✔ 1 Fliegenklatsche für jedes Kind

Für die Verkehrsgeräusche
- ✔ 1 Smartphone

Für die Variante
- ✔ Glassteine

© Jiri Hera – Shutterstock.com

Vorbereitung
Nehmen Sie mit der Aufnahmefunktion Ihres Smartphones die passenden Geräusche zu den Bildern auf, wie z. B. Fahrradklingel, Autofahrgeräusche, eine stark befahrene Straße oder Schritte. Verteilen Sie die Bilder auf dem Boden.

So geht's
Setzen Sie sich mit den Kindern in den Sitzkreis. Benennen Sie gemeinsam, was auf den Bildern zu sehen ist. Spielen Sie die Verkehrsgeräusche von Ihrem Smartphone ab. Das Kind, das als erstes das passende Bild zum Geräusch entdeckt, klopft mit einer Fliegenklatsche sofort auf das Bild und darf es behalten. Zum Schluss wird zusammengezählt, welches Kind die meisten Punkte als Sieger*in gesammelt hat.

Variante
Alle Karten bleiben auf dem Tisch liegen, auch wenn das Geräusch erraten worden ist. Stattdessen kann das Kind einen Glasstein als Punkt bekommen.

Bewegungsgeschichte

Material
- ✔ Geschichten zum Thema „Verkehr"

Vorbereitung
Suchen Sie Geschichten zum Thema „Straßenverkehr" heraus, z. B. aus diesem Buch oder aus anderen Büchern.
Wählen Sie dann Begriffe aus, die sich wiederholen, wie z. B. „Auto", „Straße" oder „Fußgänger*in". Legen Sie für jeden Begriff eine Bewegung fest, die die Kinder durchführen müssen, sobald sie den Begriff hören, wie z. B. „in die Hände klatschen" oder „aufstehen". Beginnen Sie mit einem oder zwei Begriffen und erweitern Sie später auf drei oder vier. Besprechen Sie die Regeln. Wählen Sie eine nicht zu lange Geschichte aus, damit der Spaß nicht verloren geht.

So geht's
Lesen Sie den Kindern im Stuhlkreis eine Geschichte vor. Die Kinder müssen dann, wenn sie die Begriffe hören, die entsprechenden Bewegungen dazu ausführen.

Schau mal! – Visuelle Sinnesspiele

© Roman Samborskyi – Shutterstock.com

Mit visueller Wahrnehmung ist das Erkennen, Verarbeiten und Wiedererkennen visueller Eindrücke gemeint. Das können z. B. Eigenschaften von Gegenständen, Entfernungen, Größen oder Formen sein. Sie müssen

erfahren, erfasst und im Gedächtnis abgespeichert werden. Für den Straßenverkehr ist das wichtig, um z. B. Entfernungen, Größenverhältnisse oder schlechte Sichtverhältnisse einschätzen zu können. Mit den folgenden Spielen fördern Sie die visuelle Wahrnehmungsfähigkeit der Kinder.

Auto-Ratespiel

Material

- ✔ 6 oder 7 verschiedene Spielzeugautos, wie Auto, Traktor, Lastwagen, Zug, Motorrad, Polizeiauto oder Bus
- ✔ 1 Tuch
- ✔ 1 Augenmaske für jedes Kind
- ✔ 1 Tablett

Für die Varianten

- ✔ Bildkarten: Verkehrszeichen (s. Anhang S. 58/59)

Vorbereitung

Legen Sie sechs verschiedene Fahrzeuge in einer Reihe oder in zwei Reihen auf einem Tablett bereit. Für die Variante kopieren, laminieren und schneiden Sie die Bildkarten mit den Verkehrszeichen.

So geht's

Benennen Sie gemeinsam mit den Kindern die Autos auf dem Tablett. Decken Sie die Fahrzeuge dann mit einem Tuch ab und setzen Sie den Kindern Augenmasken auf. Bitten Sie die Kinder nun, aufzuzählen, was sich unter dem Tuch befindet. Nehmen Sie dann ein Auto weg. Die Kinder müssen raten, welches Fahrzeug fehlt. Danach legen sie es wieder zurück an den richtigen Platz. Den Schwierigkeitsgrad erhöhen Sie, wenn Sie zwei oder drei Autos wegnehmen.

Varianten

- Vertauschen Sie zwei oder drei Fahrzeuge auf ihrem Platz. Eines der Kinder darf diese wieder richtig zurücklegen.
- Legen Sie ein Fahrzeug dazu, das vorher nicht dabei war.
- Anstelle der Fahrzeuge legen Sie die Bildkarten mit den Verkehrszeichen auf das Tablett. Benennen Sie diese gemeinsam. Dann nehmen Sie wieder eines weg oder vertauschen diese. Achten Sie darauf, dass die Kinder auch versuchen, die Karten zu benennen oder zumindest die Abbildung beschreiben.

Tücherspiel

Material

- ✔ 4 Tücher, rot, grün, gelb, blau

Vorbereitung

Besprechen Sie vorab mit den Kindern die Regeln. Ein rotes Tuch bedeutet „aufstehen“, ein grünes Tuch bedeutet „auf dem Sessel sitzend Schritte machen“, ein gelbes Tuch bedeutet „klatschen“ und ein blaues Tuch bedeutet „die Hände verschränken“.

So geht's

Die Kinder sitzen im Stuhlkreis. Wählen Sie ein Tuch aus und halten Sie es in die Höhe. Die Kinder müssen die Bewegungen, passend dazu, ausführen. Bei den jüngeren Kindern beschränken Sie sich auf zwei Farbtücher. Wiederholen Sie das Spiel mehrmals.

Fang den Stab

Material

- ✔ 1 Kochlöffel

So geht's

Ein Kind hält einen Kochlöffel mit einem ausgestreckten Arm fest in der Hand. Ein anderes Kind steht ihm gegenüber und konzentriert sich auf den Stab. Wenn das Kind den Stab loslässt, muss das andere Kind versuchen, ihn zu fangen. Die Hand kann dabei in Fangbereitschaft bereits ausgestreckt sein.

Autozwillinge

Material

- ✔ Spielzeugautopärchen in der Anzahl der Kinder oder mehr
- ✔ 1 Sack

Vorbereitung

Legen Sie jeweils ein Auto von einem Pärchen in den Sack. Verstecken Sie die anderen verteilt im Raum.

So geht's

Jedes Kind darf sich ein Auto aus dem Sack nehmen. Anschließend gehen alle im Raum herum und suchen das versteckte Partnerauto. Wiederholen Sie das Spiel ein paarmal. Wenn das Auto gefunden wurde, setzen sich die Kinder damit auf ihren Platz.
Besprechen Sie nun mit den Kindern die Gemeinsamkeiten und Unterschiede der Autos oder wozu diese Fahrzeuge benötigt werden. Daraus ergeben sich interessante Gesprächsthemen und Diskussionen.

Autorennen

Material

- ✔ 3 Holzstäbe
- ✔ 3 Schnüre, 1,5 m
- ✔ 3 Spielzeugautos
- ✔ Tapetenpapier
- ✔ 1 Trillerpfeife
- ✔ 1 dicker Stift

© djmilic - Shutterstock.com

Vorbereitung

Befestigen Sie an einem Holzstab eine 1,5 m lange Schnur und daran ein Spielzeugauto. Zeichnen Sie auf einer Tapete drei Fahrbahnen nebeneinander. An einem Ende der Fahrbahn zeichnen Sie die Startlinie und am unteren Ende ein Haus.

Wenn Sie das Spiel im Freien spielen, malen Sie die Fahrbahnen mit Kreide auf.

So geht's

Die Kinder suchen sich ein Fahrzeug aus und stellen es auf der Fahrbahn auf die Startlinie. Sie selbst setzen sich an das andere Ende der Fahrbahn mit dem Holzstab in der Hand. Auf das Geräusch Ihrer Trillerpfeife hin wickeln die Kinder die Schnur so schnell wie möglich um die Wette auf die Rolle auf. Es sieht aus, als ob das Auto die Straße bis zum Haus entlangfährt. Welches Auto erreicht als erstes das Ziel?

Geometrische Formen

Material

- ✔ 1 Bastelkarton
- ✔ Bildkarten mit Verkehrsschildern (s. Anhang S. 58/59)

Vorbereitung

Kopieren, laminieren und schneiden Sie die Bildkarten „Verkehrszeichen" aus. Diese finden Sie im Anhang. Fertigen Sie geometrische Formen, wie Kreis, Quadrat, Dreieck, Rechteck, Sechseck, aus dickem Bastelkarton.

So geht's

Zeigen Sie den Kindern die geometrischen Formen. Welche Merkmale haben sie? Wie unterscheiden sie sich? Erklären Sie, dass geometrische Formen auch im Straßenverkehr zu finden sind. Überlegen Sie gemeinsam mit den Kindern, wo sie dort geometrische Formen schon einmal gesehen haben. Fragen Sie sie, welche Form wohl zu welchem Verkehrszeichen passen könnte. Welche Bedeutung haben diese Verkehrszeichen?

- Dreieckige Verkehrsschilder weisen uns meist auf Gefahren hin.
- Runde Verkehrsschilder gehören zu „Verbotsschildern".
- Sechseckige Verkehrsschilder finden wir nur beim „Stoppschild". Autos müssen dann immer anhalten.
- Viereckige und rechteckige Verkehrsschilder sind meistens Hinweistafeln.

Ein Kind sucht sich aus den Bildkarten mit den Verkehrsschildern ein Dreieck aus und sagt, was dies bedeuten kann. Dann sucht sich ein anderes Kind ein rundes aus usw.

3 Das Überqueren der Straße

Aha! – Was Kinder wissen müssen

© YuryImaging – Shutterstock.com

Besprechen Sie mit den Kindern, was im Straßenverkehr besonders wichtig ist und worauf es ankommt, um eine Straße sicher zu überqueren. Bieten Sie dazu einen Gesprächskreis an.

Impulsfragen

- **Wie überquert man richtig die Straße?**
- **Darf man einfach über die Straße laufen? Warum nicht?**
- **Soll man über die Straße rennen oder gehen? Warum?**
- **Wo geht man am sichersten über die Straße?**
- **Wo ist es sehr gefährlich?**
- **Wie überquert man am besten eine Straße zwischen parkenden Autos?**
- **Wie soll man sich auf der Straße kleiden, um von anderen besser gesehen zu werden?**

Die Kinder können ebenfalls Fragen stellen. Versuchen Sie dann gemeinsam, sie zu klären.

Gefahrensituationen

1) … beim Überqueren der Straße
Kinder können Geschwindigkeiten noch nicht so gut einschätzen. Daher wissen sie nicht, wie schnell oder langsam sich ein Fahrzeug nähert. Leider zeigt uns die Praxis, dass es viele ungeduldige Autofahrer*innen gibt, die nicht darauf warten können, bis Kinder die Straße überqueren oder ihr Auto vollkommen stillsteht, damit das Kind weiß, dass ihm nichts passiert. Darum ist es besonders wichtig, beim Überqueren der Straße gut auf die Kinder achtzugeben und sie auf mögliche Gefahren hinzuweisen.

2) … durch Witterungsverhältnisse
Besprechen Sie auch Gefahrensituationen, die durch Witterungsverhältnisse entstehen, wie z. B. eine rutschige Fahrbahn aufgrund von Eis, Schnee, Regen oder Nebel. Worauf müssen die Kinder dann besonders achten, wenn sie die Straße überqueren?

3) … durch parkende Autos
Auch durch parkende Autos können Gefahrensituationen entstehen. Denn hinter parkenden Autos wird man schlecht gesehen und hat auch selbst keinen Überblick über die Fahrbahn.

Stellen Sie den Kindern Fragen zu den Gefahrensituationen und überlegen Sie gemeinsam, wie sie handeln würden. Wiederholen Sie diese Themen öfter, z. B. in Geschichten verpackt oder im Gesprächskreis. Verwenden Sie eine Handpuppe, die mit den Kindern spricht oder von einem Erlebnis erzählt. So sensibilisieren Sie die Kinder immer wieder dafür.

TIPP

Erinnern Sie die Eltern daran, vor dem Schuleintritt regelmäßig mit den Kindern das richtige Verhalten im Straßenverkehr zu üben und zu besprechen. Das gibt den Kindern Sicherheit und schützt sie vor unüberlegtem Verhalten im Straßenverkehr.

Regeln für Fußgänger*innen

Besprechen Sie die folgenden Regeln für Fußgänger*innen gemeinsam mit den Kindern und machen Sie sie ihnen mit Bildern, z. B. aus Sachbüchern oder aus dem Internet, bewusst.

TIPP

Auch hier können Sie wieder mit einer Handpuppe arbeiten, indem Sie z. B. ein Zwiegespräch mit der Puppe führen.

1. Gehe immer an der Gehsteiginnenseite. Hier ist es sicherer.

2. Gehe möglichst immer auf dem Gehsteig, nicht auf der Fahrbahn. Wenn kein Gehsteig vorhanden ist, dann gehen wir hintereinander im „Gänsemarsch", aber immer auf der linken Seite der Straße. So sehen wir die Autos, die auf uns zukommen besser und die Autofahrer*innen sehen auch uns besser.

3. Suche dir beim Überqueren der Straße einen sicheren und einsehbaren Bereich aus. Achte darauf, dass der Weg über die Straße möglichst kurz ist.

   Bleibe immer zuerst am Gehsteigrand (Sichtlinie) stehen. Schaue nach links dem*der Autofahrer*in entgegen und gib ihm*ihr ein sichtbares Zeichen, dass diese*r weiß, dass du über die Straße gehen willst. Schau dann rechts und vergewissere dich noch einmal links, dass der*die Autofahrer*in auch wirklich noch steht. Dann gehst du rasch über die Straße, ohne zu laufen. Wenn du läufst, kannst du stolpern und ein*e andere*r Verkehrsteilnehmer*in kann vielleicht nicht rechtzeitig bremsen.

4. Achte auf die parkenden Autos. Hinter ihnen kannst du nicht alles einsehen und wirst auch selbst nicht gesehen. Mit einem*einer Erwachsenen kannst du zwischen den Autos durchgehen und dich an der Vorderseite noch einmal nach dem Verkehr umschauen.

5. Zeigt die Fußgängerampel rot, bedeutet das „Stehenbleiben". Grün heißt „du darfst gehen". Blicke bitte trotzdem immer in alle Richtungen und vergewissere dich, ob alle Fahrzeuge auch wirklich stehen bleiben. Beachte: Auch Erwachsene machen Fehler.

6. Beim Zebrastreifen müssen alle Verkehrsteilnehmer*innen stehen bleiben. Doch sie tun dies leider nicht immer! Deshalb überquere nie blindlings den Zebrastreifen. Auch hier gilt: zuerst nach links, rechts und dann wieder nach links zu schauen! Erst dann gehst du zügig über den Zebrastreifen.

Verkehrstafeln aus Holz

Sie können stabile Holztafeln selbst anfertigen – oder sich von begabten Eltern dabei helfen lassen. Geeignet ist eine Größe von ca. 30 x 30 cm. Der Ständer kann aus drei Beinen zum Auseinanderklappen bestehen oder aus einer Grundplatte am Boden mit einer Holzstange darin. Am oberen Ende des Ständers befindet sich jeweils das Verkehrszeichen.

Verkehrszeichen gibt es auch im Handel. Achten Sie darauf, dass sie stabil und gut stehen können. Bei einem Parcours mit den Kindern müssen sie einiges aushalten können.

Faltbuch zum Straßeneinmaleins

Fertigen Sie mit den Kindern ein Faltbuch über das Straßeneinmaleins an.

Material

- ✔ 1 Blatt Papier, DIN A4, für jedes Kind
- ✔ Buntstifte

So geht's

Falten Sie gemeinsam das A4-Blatt der Länge nach einmal in der Mitte. Dann falten Sie es 2-mal quer, sodass acht Bildseiten entstehen. Malen Sie auf diesen Bildseiten die wichtigsten Verkehrsregeln. Versehen Sie die Bilder mit einem kurzen Satz. Die Kinder können selbstständig die gelernten Regeln in ihrem Buch lesen und so immer wieder wiederholen. Ein Beispiel finden Sie auf der nächsten Seite.

Mein Verkehrsheft

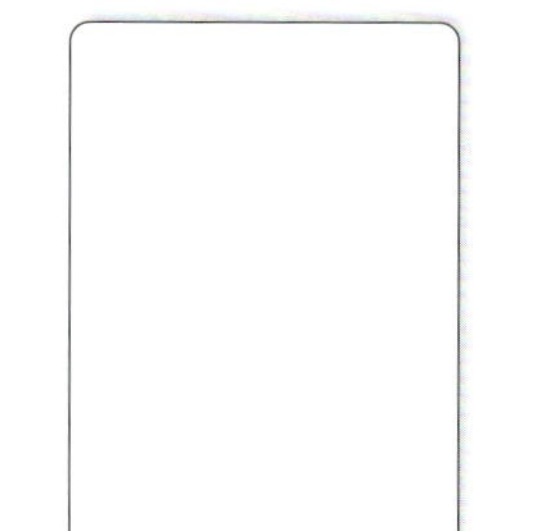

Name ....

Komm gut nach Hause!

Mein Radhelm schützt meinen Kopf bei einem Sturz.

Mit heller Kleidung, Warnweste und Reflektoren werde ich schneller gesehen.

Die Polizei gibt auf dich acht und regelt den Straßenverkehr.

Die Ampel regelt den Verkehr. Bei Rot musst du warten, bei Grün, da kannst du gehen.

Der Zebrastreifen hilft mir, die Straße gut zu überqueren. Augen auf – Handzeichen und Sichtkontakt mit dem Autofahrer oder der Autofahrerin sind wichtig.

Mein Platz im Auto ist hinten. Anschnallen nicht vergessen.

Ich bleibe am Gehsteigrand stehen. Ich schaue links-rechts-links und gehe dann ruhig über die freie Straße.

Zeichnungen © Celina Solkner

Sicher über die Straße

Material

- ✔ Malerklebeband
- ✔ Kinderfahrzeuge, wie Dreirad, Laufrad, Rutschauto usw.
- ✔ 3 Tücher, rot, gelb, grün

Vorbereitung

Kleben Sie eine Straße mit Klebeband auf, die auch Kurven oder einen Kreis enthält. Bauen Sie einen Zebrastreifen ein.

So geht's

Mit dem folgenden Spiel macht das Thema Verkehrssicherheit noch mehr Spaß! Eine Hälfte der Kinder spielt die Autofahrer*innen und die andere Hälfte die Fußgänger*innen. Die Autos dürfen mit dem Dreirad oder dem Rutschauto auf der Straße entlangfahren und müssen am Zebrastreifen, wenn dort ein Kind steht, anhalten. Die zu Fuß gehenden Kinder versuchen, Blickkontakt mit den Autofahrer*innen aufzunehmen, damit diese stehen bleiben. Wenn das Kind die Straße überquert hat, dürfen die Autos weiterfahren. Ein Kind steht an einer anderen Stelle und spielt mit den Tüchern die Ampel, auf die die Autos achten müssen.

Fußgängerpass

Das Üben im Straßenverkehr hat sich gelohnt! Alle Vorschulkinder bekommen am Ende der Kindergartenzeit einen Fußgängerpass mit einem Foto von sich. Eine Kopiervorlage finden Sie im Anhang (siehe S. 63). Dieser beinhaltet, was die Kinder im Laufe des letzten Kindergartenjahres in Sachen Verkehrssicherheit gelernt haben:

- Unterscheidung von links und rechts
- Sicherheit beim Radfahren
- Sicherheitskleidung für Fußgänger*innen
- Die wichtigsten Verkehrsregeln für Fußgänger*innen
- Die wichtigsten Verkehrszeichen
- Bedeutung der Ampel
- Verhalten im Straßenverkehr – Theorie
- Verhalten im Straßenverkehr – Praxis

Das praktische Üben auf einer richtigen Straße und das regelmäßige Wiederholen der Regeln ist dabei von wesentlicher Bedeutung. Am Ende des Jahres gibt es einen Stempel in den Fußgängerpass. Mit Ihrer Unterschrift bestätigen Sie den Kindern, wie gut sie sich schon im Straßenverkehr zurechtfinden. Dies dient als Ansporn, auch mit den Eltern weiter fleißig zu üben.

Der Fußgängerpass ist als Ergänzungsangebot für die Eltern gedacht und kann das Üben mit den Kindern im Alltag nicht ersetzen.

Los geht's! – Wir überqueren gemeinsam die Straße

© Sasenki – Shutterstock.com

Nachdem alle fleißig das richtige Verhalten im Straßenverkehr geübt haben, können Sie mit einer Kleingruppe den Schritt auf die richtige Straße wagen. Nehmen Sie eine Begleitperson mit oder wählen Sie die Gruppengröße so aus, dass Sie sie gut überschauen können.

Vorbereitung

Vereinbaren Sie im Vorfeld Folgendes mit den Kindern: „Wir überqueren die Straße ohne Panik und mit einer extra Portion Aufmerksamkeit."
Bleiben Sie in greifbarer Nähe, um einzuschreiten, falls Gefahr droht. Ermutigen Sie die Kinder, das bereits gelernte Wissen noch einmal abzurufen, und sprechen Sie ausführlich darüber. Loben Sie die Kinder, wenn sie sich richtig verhalten. Das motiviert.

So geht's

Überqueren Sie mit den Kindern gemeinsam die Straße, unter Beachtung aller besprochenen Regeln: zuerst gemeinsam in der Gruppe, dann immer zu zweit und später einzeln. Nehmen Sie das Kind zunächst an die

Hand, wenn es allein geht. Lassen Sie jeden Schritt sprachlich von ihm begleiten. Später darf es allein die Straße überqueren, wenn Sie das Verkehrsgeschehen gut im Überblick haben und keine Gefahr droht.

Den Verkehr in verschiedenen Situationen richtig einschätzen

Üben Sie gemeinsam, den Verkehr in verschiedenen Situationen richtig einzuschätzen, um die Straße sicher zu überqueren:

© stockphoto-graf – Shutterstock.com

1) Überqueren der Straße am Zebrastreifen

Überqueren Sie die Straße an einem Zebrastreifen. Erinnern Sie jedes Kind an die Regeln:

- an der Gehsteigkante stehen bleiben
- Blickkontakt aufnehmen
- evtl. dem*der Autofahrer*in ein Handzeichen geben
- links, rechts, links schauen und dann erst hinübergehen (einzeln). Währenddessen warten die anderen Kinder in einem sicheren Bereich im Hintergrund und beobachten die Situation.

2) Gehen auf dem Gehsteig

Gehen Sie zusammen jeweils zu zweit nebeneinander auf dem Gehsteig und erinnern Sie die Kinder auch hier an das richtige Verhalten:

- nicht schubsen
- nicht rennen
- nicht drängeln
- ruhig hintereinander gehen

3) Eine Straße ohne Ampel und Zebrastreifen überqueren

Überqueren Sie eine Straße, die von beiden Seiten gut einsehbar ist – erst gemeinsam, dann mit jedem Kind einzeln. Es ist wichtig, auch ohne Zebrastreifen ein Gefühl für den Straßenverkehr zu bekommen.

4) Eine unübersichtliche Straße überqueren

Überqueren Sie eine Straße, die z. B. durch parkende Autos nicht gut einsehbar ist. Rufen Sie auch hier wieder die wichtigsten Verhaltensregeln ins Bewusstsein:

- Kinder überqueren eine unübersichtliche Straße unter Mithilfe von Erwachsenen. Sie gehen vor, bis die Straße einsichtig ist.
- Sie gehen die Straße weiter entlang, bis sie eine Stelle finden, die übersichtlicher ist.

TIPP

Gemeinsam mit einem Verkehrspolizisten oder einer Verkehrspolizistin üben die Kinder das sichere Überqueren der Straße mit und ohne Zebrastreifen. Sie können den Kindern genau sagen, worauf sie besonders achten müssen.

Üben Sie diese Situationen im Straßenverkehr bei vielen Gelegenheiten, z. B. bei einem Spaziergang oder einem Ausflug mit der Gruppe. So entwickeln die Kinder eine Routine.

Den Straßenverkehr beobachten

Stellen Sie sich am Straßenrand mit den Kindern auf. Beobachten Sie den Straßenverkehr und sprechen Sie

- über richtiges und falsches Verhalten im Straßenverkehr
- darüber, ob sich alle an die Verkehrsregeln und Zeichen halten
- über das Verhalten anderer Verkehrsteilnehmer*innen, um sie besser einschätzen zu können, z. B. „Wo fährt das Auto hin? Biegt es ab, fährt es geradeaus? Fährt es aus einer Parklücke heraus?“

Suchen Sie mit den Kindern in der näheren Umgebung nach Verkehrszeichen und sprechen Sie über ihre Bedeutung. Nehmen Sie eine Übersicht über die wichtigsten Verkehrszeichen mit. Wenn die Kinder unterwegs ein Verkehrszeichen entdecken, markieren sie das entsprechende Zeichen in der Übersicht. Schauen Sie am Ende gemeinsam: Welche Verkehrszeichen haben die Kinder entdeckt, welche nicht?

Mit dem Fahrrad im Straßenverkehr

Im Kindergartenalter lernen die meisten Kinder das Fahrradfahren. Mit den folgenden Spielen fördern Sie die Kinder, sich auch mit dem Fahrrad sicher im Straßenverkehr zu bewegen:

Übungsparcours

Material

- ✔ Verkehrshütchen
- ✔ 1 Rampe
- ✔ 3 Tücher, rot, gelb, grün
- ✔ Kreide
- ✔ 1 Fahrzeug für jedes Kind
- ✔ Verkehrszeichen

Vorbereitung

Stellen Sie einen Übungsparcours mit Verkehrshütchen auf. Bauen Sie eine Rampe oder eine Stopptafel ein. Verwenden Sie die Tücher und bringen Sie sich als Ampel in das Spiel ein. Zeichnen Sie mit Kreide gerade oder geschwungene Linien, denen die Kinder mit ihrem Rad folgen müssen. Bauen Sie ein Hindernis ein, wie z. B. ein Tor, unter dem die Kinder hindurchfahren müssen. Zum Schluss zeichnen Sie die Ziellinie, bei der die Kinder bremsen müssen.

So geht's

Die Kinder fahren im Slalom um die Verkehrshütchen herum und weiter den Parcours entlang bis zur Ziellinie.

STOP Besprechen Sie mit den Kindern ganz klar die Regeln, um Zusammenstöße zu vermeiden. Lassen Sie sie in bestimmten Abständen starten. Erklären Sie, dass das Überholen bei diesem Spiel verboten ist. Jede*r muss auf den*die vordere*n Radfahrer*in Rücksicht nehmen und Abstand halten.

Linienfahrt

Material

- ✔ Kreide
- ✔ 1 Fahrrad für jedes Kind

Vorbereitung

Zeichnen Sie mit Kreide eine gerade Linie auf den Boden.

So geht's

Die Kinder nähern sich mit dem Rad und versuchen, genau vor der Linie zu bremsen.

Hindernisfahrt

Material

- ✔ Hindernisse, wie Stühle, Eimer, Kegel oder Schuhe
- ✔ 1 Fahrrad für jedes Kind

Vorbereitung

Stellen Sie die Hindernisse mit etwas Abstand zueinander auf.

So geht's

Lassen Sie die Kinder mit dem Fahrrad einen Weg durch diese Hindernisse suchen. Das ist eine besondere Herausforderung in Sachen Geschicklichkeit und Konzentration. Spaß ist dabei aber vorprogrammiert, auch für jüngere Kinder!

© Servikos - Shutterstock.com

4 Sicherheit im Straßenverkehr

Gut sichtbar – Kleidung im Straßenverkehr

© Kuttelvaserova Stuchelova - Shutterstock.com

Nicht nur unser Verhalten, sondern auch unsere Kleidung kann zu mehr Sicherheit im Straßenverkehr beitragen, denn sie macht uns sichtbarer:

- Mit heller Kleidung werden wir besser gesehen als mit dunkler.
- Fluoreszierende Streifen oder Elemente an unserer Kleidung und unseren Taschen helfen ebenfalls, besser gesehen zu werden. Sie reflektieren das Scheinwerferlicht.
- Warnwesten sind ebenfalls hilfreich.

Sprechen Sie mit den Kindern auch über dieses Thema.

Geschichte: Gut sichtbar

Erzählen Sie den Kindern die Geschichte „Gut sichtbar" zum Einstieg in das Thema „Sichere Kleidung". Die Geschichte finden Sie in Kapitel 10. Sprechen Sie dann mit ihnen darüber. Fragen Sie: Wie soll man sich am besten kleiden, um für alle gut sichtbar zu sein? Gehen Sie dann gemeinsam in die Garderobe und lassen Sie die Kinder nach Kleidung suchen, die

fluoreszierende Leuchtstreifen hat. Meist sind sie an Gummistiefeln, Kindergartentaschen, Schultaschen, Regenjacken und sogar an Turnschuhen zu finden.

Experiment: Im Dunkeln tappen

Die Kinder bewegen sich durch den Raum. Verdunkeln Sie ihn anschließend. Die Augen müssen sich erst an die Dunkelheit gewöhnen. Zunächst ist es einfach nur dunkel. Dann beginnen die Kinder, Umrisse zu erkennen. Sie bewegen sich nun wieder durch den Raum. Fragen Sie sie anschließend: Was ist einfacher: sich im Hellen oder im Dunkeln durch den Raum zu bewegen?

Taschenlampenspiel

TIPP

Besprechen Sie mit den Kindern, dass sie anderen auf keinen Fall in die Augen leuchten dürfen.

Material

- ✔ 1 Warnweste für jedes Kind
- ✔ 1 Taschenlampe für jedes Kind
- ✔ Leuchtbären und andere fluoreszierende Armbänder

Vorbereitung

Legen Sie die Materialien bereit und verdunkeln Sie den Raum. Eine Hälfte der Kinder bekommt je eine Taschenlampe und die andere Hälfte je eine Warnweste. Befestigen Sie zudem Leuchtarmbänder, Leuchtbären oder andere fluoreszierende Materialien an den Hosenbeinen und Ärmeln der Kinder.

So geht's

Die Kinder mit den Taschenlampen leuchten die anderen nun an und können sie so besser sehen. Wie sieht das mit der übrigen Kleidung ohne Leuchtstreifen aus? Kann man dunkle Kleidung genauso gut sehen? Anschließend tauschen die Kinder die Rollen. Machen Sie im Dunkeln Fotos. Auf den Bildern wird das Licht von der Kamera stark reflektiert und erscheint im Bild weiß. Betrachten Sie die Bilder im Anschluss mit den Kindern und sprechen Sie darüber, dass sie so von dem*der Autofahrer*in besser gesehen werden.

Sternenspiel

Material

- ✔ fluoreszierende Sterne
- ✔ Schreibtischlampe

Vorbereitung

Legen Sie die fluoreszierenden Sterne unter eine Schreibtischlampe, um sie aufzuladen.

So geht's

Verdunkeln Sie den Raum. Bitten Sie die Kinder, ihre Augen zu schließen, und verteilen Sie die Sterne im ganzen Raum. Die Kinder dürfen nun herumgehen und die Sterne suchen. Wenn alle gefunden sind, setzen sie sich zurück an ihren Platz. Dabei ist es lustig, besonders dunkle Verstecke auszusuchen. Dort sind die Sterne nämlich besonders gut sichtbar. Zwischendurch müssen sie immer wieder einmal mit der Lampe aufgeladen werden. Dieses Spiel macht den Kindern großen Spaß!

Niemals ohne Helm – sicher auf dem Rad

Fragen Sie die Kinder, wozu wir unseren Kopf brauchen.

Dazu brauchen wir unseren Kopf

Der Kopf ist unsere Schaltzentrale, die für alles verantwortlich ist, was unser Körper tut. Wir brauchen ihn zum Denken, Reden und um unserem Körper Befehle zu erteilen. Ist die Schaltzentrale kaputt, funktioniert nichts mehr. Kopfverletzungen können nicht so leicht geheilt werden, wie z. B. ein Arm. Deshalb ist es ganz besonders wichtig, ihn vor Verletzungen zu schützen. Fragen Sie die Kinder, wie sie ihren Kopf am besten schützen können.

Beim Fahrradfahren schützt uns ein Helm bei einem Sturz vor schlimmen Verletzungen. Erwachsene sind da manchmal unvorsichtig. Sie tragen keinen Helm und fahren oft sehr schnell. Ermutigen Sie die Kinder dazu, die Erwachsenen ruhig darauf hinzuweisen.

Der passende Fahrradhelm

Ein Fahrradhelm muss passen und richtig sitzen, damit er den Kopf gut schützt. Führen Sie mit den Kindern eine gemeinsame Fahrradhelm-Anprobe durch.

Material

✔ 1 Fahrradhelm

So geht's

Ein Kind setzt den Fahrradhelm auf. Danach probiert ihn ein anderes Kind an. Dieser kann zu klein oder zu groß sein. Auch die Gurte können nicht passen. Vergleichen und besprechen Sie gemeinsam die Unterschiede. Wie sollte der Helm richtig sitzen und wie nicht? Erklären Sie den Kindern, dass sie jedes Mal den Gurt kontrollieren und richtig einstellen müssen, damit er eng unter dem Kinn anliegt. Sonst hilft er bei einem Sturz nicht und rutscht vom Kopf.

Fahrradhelm-Sturzexperiment

© Dmitry-Arhangel 29 - Shutterstock.com

Material

✔ 2 rohe Eier
✔ 1 Stift, schwarz, wasserfest
✔ 1 Eierhelm aus Styropor

TIPP

Den Eierhelm aus Styropor gibt es im Internet zu kaufen. Geben Sie in die Suchfunktion einfach die Suchbegriffe „Eierhelm Styropor" oder „Mini-Helm Eier-Test" ein.

Vorbereitung

Zeichnen Sie ein Gesicht auf das rohe Ei. Stecken Sie es dann in den Eier-Styroporhelm. Das Ei ist der Kopf und hat nun einen Fahrradhelm bekommen. Achten Sie darauf, dass die Gurte fest sitzen.

So geht's

1. Lassen Sie das Ei auf den Boden fallen. Was passiert? Wenn das Ei ganz ist, ist dem Kopf nichts passiert, denn er wurde geschützt.
2. Lassen Sie nun den Gurt des Helmes offen oder lockern Sie ihn, sodass er viel zu groß ist und nicht richtig sitzt. Lassen Sie das Ei nochmals fallen. Was passiert? Das Ei fällt eventuell heraus, bekommt einen Sprung und ist kaputt. Die Kinder sehen: Ein lockerer Helm schützt nicht richtig.
3. Lassen Sie das Ei nun ganz ohne Helm zu Boden fallen. Was passiert? Das Ei geht kaputt. Dieses Experiment beeindruckt die Kinder sehr und verdeutlicht, wie wichtig der Helm ist.

Die richtige Fahrradausrüstung

Überlegen Sie gemeinsam, was noch zu unserer Sicherheit beim Fahrradfahren beiträgt.

Die richtige Fahrradausrüstung für mehr Sicherheit

Diese Ausrüstung trägt zu mehr Sicherheit beim Fahrradfahren bei:

- eine Fahrradklingel,
- reflektierende Katzenaugen auf den Fahrradspeichen,
- Rückstrahler an den Pedalen und am Sattel,
- Vorder- und Rücklicht und
- eine Kinderwarnweste.

Das Fahrrad darf auch nicht zu groß sein. Wenn man auf dem Sattel sitzt, muss man mit den Zehenspitzen den Boden berühren und so stehen können. Bieten Sie dazu Bilder an, auf denen die besprochenen Teile gut erkennbar sind, oder bringen Sie vielleicht sogar ein Kinderfahrrad zur Anschauung mit.

Der sichere Fahrradweg

Besprechen Sie mit den Kindern, wo und wie sie sicher mit dem Fahrrad fahren.

Mit dem Fahrrad sicher unterwegs

1. Kinder bis acht Jahre fahren auf dem Gehsteig oder einem von der Fahrbahn getrennten Radweg.
2. Wenn sie auf der Straße fahren, dann nur mit ihren Eltern.
3. In Schlangenlinien sollte niemals gefahren werden.
4. Kinder sollten immer nur die rechte Seite vom Weg nutzen.
5. Beim Abbiegen ist es wichtig, ein Handzeichen zu geben, stehen zu bleiben und noch einmal kurz nach hinten zu schauen, um sicherzugehen, dass niemand von hinten überholt.
6. Der Radführerschein wird mit zehn Jahren in der Schule gemacht. Erst dann dürfen Kinder allein auf der Straße fahren.

STOP Bitte beachten Sie, dass die Verkehrsregeln sich in Deutschland, Österreich und der Schweiz voneinander unterscheiden und informieren Sie sich nach den aktuell geltenden Regeln in Ihrem Land.

Richtig verhalten – sicher auf der Straße

© tomeqs – Shutterstock.com

Führen Sie mit den Kindern einen Gesprächskreis über die Sicherheit im Straßenverkehr.

Impulsfragen

Mit den folgenden Impulsfragen stoßen Sie spannende Gespräche an:

1) Wer darf sich auf der Straße bewegen und wer auf dem Gehsteig?

- Auf der Straße dürfen nur Autos und erwachsene Radfahrer*innen fahren.
- Auf dem Gehsteig gehen Fußgänger*innen und fahren Kinder (mit ihren Eltern) mit dem Rad.

2) Darf man auf dem Gehsteig spielen?

Der Gehsteig ist kein Spielplatz. Rennen, toben oder jemanden stoßen ist sehr gefährlich, weil wir so versehentlich auf die Fahrbahn geraten können. Am Bordstein darf daher auch nicht balanciert werden.

3) Was passiert, wenn der Gehsteig rutschig oder eisig ist?

Es besteht die Gefahr, auf die Straße zu rutschen. Wenn möglich, gehen die Kinder auf der Innenseite des Gehsteiges!

4) Was passiert, wenn jemand auf die Fahrbahn fällt?

Das vorbeifahrende Fahrzeug kann möglicherweise nicht mehr rechtzeitig bremsen.

5) Wozu dient der Zebrastreifen?

Er dient zum Überqueren der Straße. Hier müssen die Autos normalerweise stehen bleiben. Trotzdem ist es wichtig, achtsam zu sein und die Straße erst zu überqueren, wenn die Autos wirklich anhalten.

6) Was sind „Verkehrsteilnehmer*innen"??

Fußgänger*in, Radfahrer*in, Fahrzeugfahrer*in usw.

7) Was sind „Verkehrszeichen" und wozu dienen sie?

Verkehrsschilder regeln den Verkehr. Alle müssen sich an diese Vorschriften halten. Verkehrsschilder haben verschiedene Formen: Runde Schilder sind oft Verbotsschilder. Dreieckige Schilder sind Warnschilder und viereckige Schilder sind meist Hinweisschilder.

8) Was ist eine „Ampel" und wofür brauchen wir sie?

Eine Ampel besteht aus drei Farben: rot, gelb und grün. So wissen Fahrzeugfahrer*innen, wann sie stehen oder

bereit sein müssen und weiterfahren dürfen. Fußgänger*innen brauchen nur zwei Farben: rot und grün. Wenn die Autos Rot haben, ist die Fußgängerampel grün. So wechseln sie sich ab und kommen sich nicht gegenseitig in die Quere.

9) Was machen Polizist*innen und welche Aufgaben haben sie im Straßenverkehr?

Die Polizei regelt den Verkehr, z.B. wenn eine Ampel ausgefallen oder ein Unfall passiert ist. Dann sichern sie die Unfallstelle und schreiben genau auf, wie es zu dem Unfall kam. Sie teilen auch Strafzettel aus, z.B. wenn jemand zu schnell fährt. Das ist nämlich gefährlich für die anderen. Deshalb messen sie die Geschwindigkeit der Autos und kontrollieren das Fahrzeug. Könnte das Auto defekt sein? Geht es dem*der Fahrer*in gut? Sind alle Papiere da? Wenn alles in Ordnung ist, kann es weitergehen.

10) Was ist eine Verkehrsinsel?

Eine Verkehrsinsel ist ein begrünter und befestigter Teil in der Mitte einer Straße. Sie dient dazu, den Fußgänger*innen das Überqueren einer Straße zu erleichtern, z.B. wenn eine Straße mehrere Fahrbahnen hat. Fahrzeugfahrer*innen müssen dann vorsichtig fahren und bremsbereit sein.

11) Welche Bedeutung haben Blaulicht, Sirene und die Nummer an Einsatzfahrzeugen?

Wenn Blaulicht und Sirene eingeschaltet sind, deutet dies auf einen Notfalleinsatz hin. Das Einsatzfahrzeug darf dann schneller fahren. Alle anderen müssen ihm Platz machen. Polizei, Feuerwehr oder Rettungswagen fahren Einsatzfahrzeuge. Auf den Fahrzeugen stehen die jeweiligen Notfallnummern, unter denen wir sie im Notfall erreichen können.

Richtiges und falsches Verhalten im Straßenverkehr

Schauen Sie in Büchern, Verkehrskalendern und Plakaten nach Bildern im Straßenverkehr. Betrachten Sie die Bilder und besprechen Sie gemeinsam, ob sich die Verkehrsteilnehmer*innen hier richtig verhalten.

Bremsweg

© Pejo – Shutterstock.com

Material

- ✔ 1 Paar Wollsocken für jedes Kind

Für die Variante

- ✔ 2 Bälle

Vorbereitung

Jedes Fahrzeug hat einen Bremsweg. Die Autofahrer*innen können nicht sofort stoppen, wenn ein Kind z.B. auf die Straße läuft, stürzt oder ein Ball über die Straße rollt. Sprechen Sie mit den Kindern über diese Situationen.

So geht's

Um das alles besser zu verstehen und sich achtsam im Straßenverkehr zu verhalten, laufen die Kinder nun als Auto durch den Raum und versuchen, auf Ihr Stoppsignal hin so schnell wie möglich anzuhalten. Nun ziehen die Kinder rutschige Socken an und versuchen es noch einmal. Es ist jetzt viel schwieriger, schnell stehen zu bleiben.
So können sie sich besser in Fahrzeugfahrer*innen hineinversetzen und sich als Fußgänger*innen entsprechend verhalten, damit niemand gefährdet wird.

Variante

Während sich die Kinder bewegen, rollen sie einen Ball oder zwei Bälle in den Raum hinein, dem die Kinder ausweichen sollen. Sie können auch anhalten und vor ihm stehen bleiben.

Bremstest

Material

- ✔ Kegel
- ✔ Straßenkreide
- ✔ 1 Trillerpfeife

TIPP

Sie können das Spiel auch vorsichtig draußen mit Laufrädern durchführen.

Vorbereitung

Die Fahrbahn kann bei Regen, Schnee oder Eis rutschig und sehr gefährlich sein. Besprechen Sie diese Situationen mit den Kindern. Anschließend erfahren sie spielerisch, wie schnell sie fahren können, ohne einen Unfall zu verursachen. Stellen Sie im Außengelände Kegel auf. Sie dienen als Ziel. Markieren Sie mit Straßenkreide eine Linie auf dem Boden.

So geht's

Die Kinder laufen in dem Parcours umher. Wenn Sie mit der Trillerpfeife pfeifen, bremsen sie so schnell wie möglich ab. Die Kinder versuchen, langsam und schnell zu gehen, schnell um eine Kurve zu laufen, auf ein Ziel zuzulaufen und rechtzeitig abzubremsen, um es nicht umzustoßen. Oder sie laufen sehr schnell auf einer Linie entlang und versuchen, vor dem Ende der Linie abzustoppen. Je schneller sie sind, desto schwieriger wird es für sie, rechtzeitig zu bremsen und nicht ineinander zu laufen. Tauschen Sie sich danach über die Erfahrungen aus, die die Kinder gemacht haben.

Gurt und Kindersitz – sicher im Auto

© Africa Studio – Shutterstock.com

Kinder sind auch im Auto besonders schutzbedürftig. Wir Erwachsene sind verantwortlich dafür, diese Sicherheit zu gewährleisten, um die Verletzungsgefahr bei Brems- oder Schleudermanövern zu minimieren. Doch auch bei Kindern ist es wichtig, ein Bewusstsein für die Sicherheit im Auto zu wecken, z. B., indem sie wissen, dass sie sich immer anschnallen, im Kindersitz sitzen müssen und auf der Rückbank besser aufgehoben sind als vorn auf dem Beifahrersitz.

Crash-Test im Rutschauto

© FotoDuets – Shutterstock.com

Material

- ✔ 1 Rutschauto
- ✔ 1 Befestigungsgurt, breit
- ✔ 1 Teddybär
- ✔ 1 Schnur

TIPPS

- Einen Befestigungsgurt erhalten Sie im Handel.
- Haben Sie einen Puppenautositz zur Hand, können Sie auch diesen verwenden.

So geht's

Fragen Sie die Kinder, ob sie wissen, wo sie im Auto sitzen sollen und wie? Sagen Sie ihnen dann, dass sie jetzt gemeinsam einen Crash-Test machen, um zu verdeutlichen, wie wichtig die Sicherheitsvorkehrungen im Auto sind:

1. Test: Befestigen Sie den Teddybären auf einem Rutschauto mit dem Befestigungsgurt unterhalb der Sitzfläche. Wenn Sie das Rutschauto nun stark anstoßen, passiert dem Bären nichts, weil er angeschnallt ist.

2. Test: Schnallen Sie den Bären nicht an. Befestigen Sie vorn am Auto eine Schnur. Ziehen Sie es mit dieser nun gemütlich durch den Raum. Es passiert wahrscheinlich nichts. Stoßen oder ziehen Sie das Fahrzeug dann mit Schwung durch den Raum. Der Bär fällt herunter und verletzt sich.

5 Verkehrszeichen und Verkehrsregeln

Achtung, Stopp und Zebrastreifen – was gibt's noch?

© Nikateos – Shutterstock.com

Sprechen Sie mit den Kindern darüber, welche Verkehrsregeln und -schilder es gibt und warum diese so wichtig sind.

Wozu gibt es Verkehrsregeln und Verkehrsschilder?

Verkehrsregeln und -schilder gibt es, damit kein Verkehrschaos entsteht oder keine Unfälle passieren. Damit wir sicher durch den Verkehr kommen, müssen sich alle an diese Regeln halten. Es gibt Verbots- und Gebotszeichen, Hinweistafeln und die Ampel:

- Runde und rote Schilder sind meist Verbotsschilder.
- Bei dreieckigen Schildern handelt es sich um Gebotszeichen, die immer „Achtung!" bedeuten.

Alle anderen Zeichen sind meist eckig und weisen z. B. auf einen Parkplatz oder eine Einbahnstraße etc. hin.

LITERATURTIPPS

Die folgenden Bücher sind leider nur noch antiquarisch erhältlich, aber sehr empfehlenswert:

- „Kinder entdecken den Straßenverkehr", Schwager & Steinlein Verlag, 2015
- „Das große Verkehrsbuch", Schwager & Steinlein Verlag, 2005
- „Aufgepasst im Straßenverkehr", F. X. Schmid Verlag, 2018

SPIELETIPPS

Bieten Sie den Kindern Puzzle, Memo-Spiele und andere Spiele an, in denen es um Verkehrszeichen oder verschiedene Verkehrssituationen geht. Die Folgenden haben sich in meiner Praxis bewährt:

- Spiel: „Rund um den Verkehr", Ravensburger Verlag
- „Tip Toi Ratespaß auf Reisen: Sachwissen zu den Themen Straßenverkehr und Verkehrssicherheit", Ravensburger Verlag
- Poster: „Meine Verkehrszeichen für die Fahrradprüfung", E&Z Verlag GmbH
- Puzzle: „Verkehrszeichenpuzzle", Larsen
- „miniLÜK Übungshefte Vorschule: Verkehrskunde mit der Maus: Sicher im Straßenverkehr", Westermann Lernspielverlage

© Veronika_Decart – Shutterstock.com

Verkehrszeichen kennenlernen

Dieses Angebot eignet sich gut als Einstieg in eine Projekteinheit.

Material

- ✔ 1 Stück Tapetenpapier
- ✔ Filzstifte

Vorbereitung

BASTELTIPP

Gestalten Sie ein Plakat mit Verkehrszeichen. Diese kreative Arbeit können Sie mit den Kindern gemeinsam durchführen.

So geht's

Setzen Sie sich mit den Kindern in den Sitzkreis und legen Sie das Plakat mit den Verkehrszeichen in die Mitte. Besprechen Sie bei jedem Verkehrsschild, was es wohl bedeuten könnte.

Verkehrszeichen-Ratespiel

Material

- ✔ Bildkarten mit Verkehrszeichen (s. Anhang S. 58/59)

TIPP

Sie können die Bildkarten gemeinsam mit den Kindern gestalten. Für eine bessere Haltbarkeit sollten Sie die Karten laminieren.

So geht's

Setzen Sie sich gemeinsam in den Sitzkreis und legen Sie die Bildkarten verdeckt auf den Boden. Reihum darf jedes Kind eine Karte ziehen und benennen, was das Verkehrszeichen bedeuten könnte und wo es dieses vielleicht schon gesehen hat. Wer Lust hat, kann sich nach dem Spiel ein Verkehrszeichen aussuchen und dieses nachmalen.

Verkehrszeichen-Wirrwarr

Material

- ✔ 1 Plakat mit richtigen und falschen Verkehrszeichen
- ✔ Spielsteine

Vorbereitung

Fertigen Sie ein Plakat mit falschen und richtigen Verkehrszeichen an.

So geht's

Die Kinder kennen viele Verkehrszeichen bereits. Setzen Sie sich mit ihnen in den Sitzkreis und legen Sie das Plakat mit den falschen und richtigen Verkehrszeichen in die Mitte auf den Boden. Können die Kinder erraten, welche Verkehrszeichen es überhaupt nicht gibt? Bitten Sie sie dann, die richtigen Verkehrszeichen mit einem Spielstein zu belegen.

Verkehrszeichenrallye

Material

- ✔ 1 Stift für jedes Kind
- ✔ Liste: Verkehrszeichen für jedes Kind (s. Anhang, S. 60)

Vorbereitung

Kopieren Sie die Liste mit den Verkehrszeichen für jedes Kind.

So geht's

Machen Sie mit den Kindern in der näheren Umgebung einen Ausflug, um Verkehrszeichen zu suchen. Immer wenn die Kinder ein Verkehrszeichen erkennen, setzen sie einen Strich auf ihre Liste. Welchen Verkehrszeichen sind die Kinder am meisten begegnet?

Ampelspiel

© yusufdemirci – Shutterstock.com

Material

- ✔ Bild: Fußgängerampel
- ✔ Bild: Autoampel
- ✔ 3 Tücher, rot, gelb, grün
- ✔ 1 Arbeitsblatt: falsche Ampeln

Vorbereitung

Suchen Sie jeweils ein Bild mit einer Fußgängerampel und einer Autoampel.
Erstellen Sie ein Arbeitsblatt, auf dem richtige und falsche Ampeln zu sehen sind. Die falschen Ampeln haben z. B. falsche Farben, eine falsche Felderanzahl oder eine falsche Anordnung der Farben. Kopieren Sie es für jedes Kind einmal.

So geht's

Fragen Sie die Kinder, ob sie wissen, wofür wir Ampeln brauchen. Sprechen Sie über die Bedeutung der Farben. Zeigen Sie ihnen die Bilder. Vergleichen Sie sie und sprechen Sie über die Unterschiede zwischen einer Auto- und einer Fußgängerampel. Lassen Sie die Kinder auch von eigenen Erlebnissen erzählen.
Sagen Sie ihnen, dass sie nun gemeinsam ein Spiel spielen. Bitten Sie alle Kinder, von ihrem Stuhl aufzustehen. Wenn Sie ein rotes Tuch in die Höhe halten, bleiben die Kinder vor ihrem Stuhl stehen. Wenn Sie ein grünes Tuch in die Höhe halten, treten die Kinder auf der Stelle, um symbolisch zu simulieren, dass sie die Straße überqueren. Geben Sie jedem Kind ein Arbeitsblatt. Bitten Sie die Kinder, die richtigen Ampelbilder zu finden und einzukreisen.

6 Spiele zur Rechts- und Linksorientierung

Wo ist rechts? Wo ist links? – Wer weiß das?

© Yuliya Evstratenko – Shutterstock.com

Im Straßenverkehr kann es lebenswichtig sein, zu wissen, wo links und wo rechts ist. Blicken die Kinder zuerst nach rechts anstatt nach links, können sie ein herannahendes Auto von links nicht schnell genug erkennen. Eine solche Situation kann gefährlich werden.

Erst links, dann rechts

Wenn wir die Straße überqueren, schauen wir immer erst nach links, weil aus dieser Richtung die Autos kommen, die näher an uns vorbeifahren. Wenn aus dieser Richtung nichts kommt, schauen wir rechts und vergewissern uns dann noch einmal kurz, ob von links kein Auto kommt, und gehen dann rasch über die Straße.

Für Kinder ist die Unterscheidung zwischen links und rechts noch sehr schwierig. Das gelingt ihnen erst allmählich im Laufe des Vorschulalters und muss deshalb oft geübt und wiederholt werden. Die folgenden Angebote helfen dabei, diese Fähigkeit zu festigen.

TIPP

Um ein erstes Gefühl für links und rechts zu bekommen, bitten Sie die Kinder zuerst mit der rechten Hand, die linke Körperseite abzuklopfen und dann umgekehrt. So verstärken Sie das Gefühl der Kinder für ihre linke und rechte Körperseite.

Armbänder

Material

- ✔ 1 Schnur für jedes Kind
- ✔ Perlen

BASTELTIPP

Fertigen Sie gemeinsam für jedes Kind ein Armband an. Dieses sieht nicht nur schick aus, sondern dient auch als Hilfestellung zur Rechts-Links-Orientierung.

So geht's

Die Kinder legen ihr Armband an ihrem linken Handgelenk an. So können sie links und rechts besser voneinander unterscheiden. Fragen Sie die Kinder, mit welcher Hand sie malen. So wissen Sie, ob sie Links- oder Rechtshänder*innen sind.

Fahrzeuge links und rechts

© Yuliya Evstratenko – Shutterstock.com

Material

- ✔ Arbeitsblatt: Welches Fahrzeug fährt links, welches rechts? (s. Anhang S. 60)
- ✔ Klebepunkte, rot und blau

Vorbereitung

Kleben Sie auf die Rückseite der Bildkarten derjenigen Fahrzeuge, die nach links fahren, einen roten Punkt. Kleben Sie auf die Hinterseite der Bildkarten, deren Fahrzeuge nach rechts fahren, einen blauen Klebepunkt.

So geht's
Kopieren und verteilen Sie das Arbeitsblatt an jedes Kind. Welches Fahrzeug fährt rechts? Bitten Sie die Kinder, anzukreuzen und das Ergebnis am Ende selbst zu überprüfen. Ob alle Kreuze richtig gesetzt sind, können die Kinder anhand der Kontrollpunkte auf der Rückseite selbst entnehmen. Rot steht für „links" und blau steht für „rechts".

Hände links und rechts

Material
- ✔ Bildkarten: Hände links und rechts (s. Anhang, S. 62)
- ✔ Klebepunkte, rot und blau
- ✔ 1 Pfeil, rot
- ✔ 1 Pfeil, blau

Für die Pfeile
- ✔ Bastelkarton
- ✔ 2 Filzstifte, rot und blau

Vorbereitung
Kleben Sie auf die Rückseite der Bildkarten mit den linken Händen jeweils einen roten Punkt und auf die Hinterseite der Bildkarten mit den rechten Händen jeweils einen blauen Punkt.

BASTELTIPPS
- Fertigen Sie die Pfeile gemeinsam mit den Kindern aus Pappe an. Lassen Sie sie von den Kindern anschließend bemalen.
- Kopieren Sie die Bildkarten mit den Händen auf Karton und lassen Sie sie von den Kindern bunt bemalen.

So geht's
Mischen Sie die Bildkarten und verteilen Sie sie auf dem Tisch. Die Kinder sortieren alle linken Hände auf das rote Tuch und alle rechten Hände auf das blaue Tuch. Sind alle Hände richtig sortiert? Das können die Kinder anhand der Klebepunkte selbst überprüfen.

Krabbelkäfer

So geht's
Die Kinder krabbeln auf allen vieren am Boden herum. Wenn Sie „links" oder „rechts" rufen, versuchen alle Kinder, in die richtige Richtung zu schauen. Nennen Sie mehrmals hintereinander die gleiche Seite oder wechseln Sie schnell hintereinander die Richtungen.

Körperspiel

So geht's
Zwei Kinder stehen hintereinander. Das hintere Kind berührt das vordere Kind an verschiedenen Körperstellen. Das vordere Kind muss die berührten Körperstellen nun richtig benennen: linkes Knie, rechte Schulter usw.

Variante
Das vordere Kind darf bestimmen und nennt die Körperstellen, an denen es berührt werden möchte.

Superkleberspiel

Material
- ✔ CD-Player
- ✔ CD mit Musik

So geht's
Die Kinder bewegen sich zur Musik. Wenn die Musik stoppt, rufen Sie folgende Bewegungsbefehle:
- Die rechte Hand auf den Boden!
- Die linke Hand zum rechten Knie!
- Den linken Fuß auf den Boden!
- Das linke Ohr an die Wand!
- Die linke Hand zum rechten Ohr!

Die Kinder müssen versuchen, blitzschnell die Bewegungen richtig auszuführen.

Links, 2, 3, 4

Material
✔ 1 Wollschnur, gedreht

Vorbereitung
Jedes Kind bekommt eine Wollschnur an den linken Fuß gebunden, um diesen so zu markieren.

So geht's
Setzen Sie sich mit den Kindern in den Stuhlkreis. Alle Kinder stampfen mit den Füßen auf den Boden, während sie alle laut „Links, 2, 3, 4, links, 2, 3, 4" sprechen. Dabei betonen die Mädchen und Jungen jedes Mal beim Aufstampfen besonders die linke Seite. So erhöhen Sie das Bewusstsein der Kinder für diese Seite. Wiederholen Sie das Spiel mehrmals. So festigt sich das Gelernte. Anschließend stehen die Kinder auf und führen die Bewegungen beim Gehen aus.

Variante
Führen Sie das Spiel mit dem rechten Fuß durch.

Oben, unten, links, rechts

© wassiliy-architect – Shutterstock.com

Material
✔ 1 Kuscheltier für jedes Kind

Vorbereitung
Jedes Kind holt sich ein Kuscheltier und stellt sich vor seinen Stuhl im Stuhlkreis.

So geht's
Sie geben jetzt folgende Bewegungsanweisungen:
- Das Kuscheltier sitzt links vom Stuhl.
- Das Kuscheltier sitzt rechts vom Stuhl.

✔ Das Kuscheltier sitzt unter dem Stuhl.
✔ Das Kuscheltier sitzt auf dem Stuhl.

Nun darf ein Kind Ihre Rolle übernehmen und sagen, wo das Kuscheltier sitzen soll.

Tuch-Jongleure

© severija – Shutterstock.com

Material
✔ 2 Chiffontücher für jedes Kind

Vorbereitung
Verteilen Sie die Tücher an die Kinder.

So geht's
Die Kinder werfen ihr Tuch mit der rechten Hand in die Luft und fangen es auch wieder mit der rechten Hand. Genauso verfahren sie mit der linken Hand. Bitten Sie die Kinder, dies sprachlich mit „links" und „rechts" zu begleiten.

Varianten
- Die Kinder werfen ein Tuch von der linken Hand in die rechte Hand und wieder zurück.
- Erhöhen Sie den Schwierigkeitsgrad und lassen Sie die Kinder mit zwei Tüchern jonglieren: Abwechselnd werfen die Kinder das linke und das rechte Tuch in die Luft und fangen es mit derselben Hand wieder auf.
- Ist das auch zu einfach, versuchen die Kinder, das Tuch schräg in die Luft zu werfen und mit der anderen Hand zu fangen.

7 Die Polizei

Vorbereitung – wie soll der Besuchstag aussehen?

© Oleg Kolesnikov – Shutterstock.com

Laden Sie die Polizei zu sich ein. So erfahren die Kinder hautnah, was deren Aufgaben sind, und können persönliche Fragen stellen.

Bereiten Sie den Besuchstag gut vor:

- Besprechen Sie mit den Polizist*innen, was Sie für den Besuchstag geplant haben. Nennen Sie konkret Ihr Thema und die Interessen der Kinder, um die Ideen und Angebote darauf auszurichten.
- Fragen Sie die Polizist*innen aber auch nach ihren Ideen.
- Einigen Sie sich auf Themen und Angebote und besprechen Sie den zeitlichen Ablauf des Besuchstages.
- Gibt es Materialien, die Sie bereitstellen müssen?

TIPP

Abwechslungsreich wird so ein Tag, wenn Sie vielfältige Angebote mit den Kindern durchführen, wie z. B. das Polizeiauto besichtigen und Angebote für drinnen und draußen durchführen.

Ideen und Angebote – die Polizei ist da!

© edwardolive – Shutterstock.com

Gesprächskreis

Material

- ✔ 1 Papier, DIN A2
- ✔ Plakatstifte
- ✔ Polizeiutensilien, wie Uniform, Mütze, Schlagstock, Pfefferspray, Handschellen, Dienstmarke usw.

So geht's

Impulsfragen für den Gesprächskreis mit den Polizist*innen:

Impulsfragen

- **Welche Aufgaben haben Polizist*innen?**
- **Woran erkennt man Polizist*innen?**
- **Was tragen Polizist*innen alles bei sich?**
- **Welche Fahrzeuge hat die Polizei und warum sind es verschiedene?**
- **Arbeitet die Polizei auch mit Tieren?**
- **Wie ruft man die Polizei?**
- **Welche anderen Notfallnummern gibt es?**

Bitten Sie die Polizist*innen darum, ihre Utensilien auf einem Tisch bereitzulegen, sodass die Kinder die Möglichkeit haben, sie sich im Anschluss an die Gesprächsrunde anzuschauen und von den Beamt*innen erklären zu lassen. Machen Sie auch ein Bild von den Gegenständen. Dieses können Sie dann im Anschluss an die Projekttage im Gruppenraum aufhängen.

Schreiben Sie alle wichtigen Notfallnummern auf ein Plakat und hängen Sie dieses ebenfalls gut sichtbar im Gruppenraum auf.

Notruf – die Polizei anrufen

Bei einem Notfall muss man zuerst die Polizei rufen, und zwar in Deutschlandunter der Nummer **110.**

Die Polizei möchte dann Folgendes wissen:
1. WER ruft an?
2. WO ist etwas passiert?
3. WAS ist passiert?
4. WIE ist das passiert?
5. WEM ist etwas passiert?

Die Polizei gibt dann Anweisungen, was weiter zu tun ist, beruhigt uns und schickt Hilfe.

Andere Notfallnummer: **Rettungsdienst 112**

Besichtigung Polizeiauto

Für viele Kinder ist es spannend, ein Polizeiauto von innen zu betrachten. Sprechen Sie mit den Polizist*innen ab, ob sie den Kindern ihr Polizeiauto zeigen können. Auch dabei können die Mädchen und Jungen Fragen stellen.

Impulsfragen

- Warum hat der Polizeiwagen diese Farben?
- Wozu dient das Funkgerät?
- Wie wird die Taste für die Sirene betätigt?
- Wie wird der Lichtbalken bedient und wozu ist er gut?
- Wozu dienen Helm und schusssichere Jacke?
- Wofür brauchen Polizist*innen Verkehrshütchen, Warndreieck oder orangefarbene Blitzlampen im Polizeiwagen?
- Wozu dienen die Leuchtstreifen an den Seiten?
- Wozu dient die Sirene?
- Wie sieht der Kofferraum aus?
- Wo sitzt der Polizeihund?
- Wie schnell darf das Polizeiauto fahren?
- Darf es auch bei Rot über die Kreuzung fahren?

Sicherlich sind die Polizist*innen so nett und schalten einmal das Blaulicht ein, um es den Kindern zu zeigen.

Geschicklichkeits-Parcours

Material

- ✔ 1 Fahrzeug für jedes Kind
- ✔ Kegel
- ✔ 1 Stopptafel
- ✔ 1 Ampeltafel
- ✔ 1 Wippe aus Holz
- ✔ 1 kleines Gartenzelt
- ✔ Kreide

Vorbereitung

Bauen Sie den Parcours auf. Stellen Sie die Kegel geradlinig auf und zeichnen Sie mit Kreide eine Fahrlinie im Slalom um die Kegel herum auf. Bauen Sie die Stopptafel auf und eine Ampel. Lustig wird der Parcours mit einer Rampe und einer Wippe. Ein kleines Zelt kann als Tunnel dienen. Mit dem Kreidestrich zeichnen Sie eine Linie, auf der die Kinder entlangfahren. Zum Schluss bremsen die Kinder vor einer Ziellinie mit dem Rad ab. Erweitern Sie den Parcours gern um eigene Ideen.

TIPP

Wenn Sie die Linie um die Kegel herum verkleinern, erhöhen Sie den Schwierigkeitsgrad im Slalom.

So geht's

Die Polizist*innen wiederholen mit den Kindern noch einmal die wichtigsten Verkehrs- und Sicherheitsregeln. Dann geht es auf zum Geschicklichkeitsparcours nach draußen. Mit ihren Dreirädern, Rollern oder Fahrrädern bewältigen sie

- einen Slalom um die Kegel herum,
- das rechtzeitige Anhalten, wenn die Ampel Rot zeigt,
- das vorsichtige Fahren über die Rampe und über die Wippe,
- das Fahren durch einen engen Tunnel, in dem Überholverbot herrscht,
- das zügige Geradeausfahren auf einer Linie,
- genau auf einer Linie (Kreidestrich) fahren und zuletzt
- das Zielbremsen vor einer Stopptafel.

Die Polizist*innen geben Tipps und kontrollieren, ob alle Regeln eingehalten werden.

Mit den Vorschulkindern auf die Straße

Mit den Vorschulkindern üben die Polizist*innen nun im echten Verkehr das sichere Überqueren einer Straße. Sie wiederholen mit den Kindern noch einmal die wichtigsten Verkehrs- und Sicherheitsregeln.

TIPP

Lustig ist immer folgende Aktion: Die Autofahrer*innen, die an der Stelle, an der die Kinder die Straße überqueren wollen, vorschriftsmäßig anhalten, bekommen als Belohnung von einem Kind ein lachendes Gesicht aus Papier. Bei Nichteinhaltung der Vorschriften erhalten die Autofahrer*innen eine Karte mit einem traurigen Gesicht.

Besuch bei der Polizei

© Petair – Shutterstock.com

Spannend für die Kinder ist auch ein Besuch auf der Polizeiwache. Machen Sie einen Termin für den Besuchstag aus. Klären Sie den Ablauf und teilen Sie mit, wofür sich die Kinder interessieren. Fragen Sie sie vorher in einem Gesprächskreis, was sie spannend finden, und notieren Sie ihre Fragen. Diese können die Kinder dann am Besuchstag den Polizist*innen persönlich stellen.

8 Theater und Geschichten

Lina, Fritz & Co. – Geschichten zur Verkehrserziehung

Geschichten können verschiedene Gefahrensituationen darstellen, die die Kinder selbst noch nie beobachtet haben. Außerdem geben sie Zeit zum Überlegen, was in so einer Situation am besten zu tun wäre. Die Kinder können dann in Ruhe darüber nachdenken und Lösungen diskutieren. Reelle Situationen lassen dafür keinen Handlungsspielraum.

Der rollende Ball

Lina und Paul sind dicke Freunde, die gern miteinander spielen. Besonders viel Spaß macht ihnen das mit dem Ball. Paul kann ihn sehr weit werfen und kicken, denn er trainiert regelmäßig in einer Fußballmannschaft.

Heute haben die beiden besonders viel Spaß und der Ball fliegt hin und her. Dann holt Paul weit aus und schießt den Ball zu Lina hinüber. Er fliegt jedoch so hoch, dass Lina ihn nicht mehr fangen kann. Schließlich rollt er auf die Straße. Ohne nachzudenken, folgt Lina ihm. Als sie auf die Straße rennt, hört sie Autoreifen quietschen und erschrickt sich. Der Autofahrer konnte gerade noch rechtzeitig bremsen. Sie hatte ihn nicht bemerkt. Völlig in Gedanken beim Ball, hat sie vergessen, nach links und nach rechts zu schauen, ehe sie auf die Straße geht. Erschrocken schaut sie den Autofahrer an. Dann hört sie ihre Mama herbeieilen, die Lina sofort in den Arm nimmt. Gott sei Dank ist nichts passiert! Ihre Mama erklärt ihr aber noch einmal ganz genau, was hier nicht richtig gelaufen ist.

© Julia August - Shutterstock.com

Impulsfragen

- **Wisst ihr, was passiert ist?**
- **Könnt ihr es Lina erklären?**
- **Wie hätte sich Lina richtig verhalten sollen?**
- **Was würdet ihr machen, wenn der Ball auf die Straße rollt?**

Dem Ball nicht auf die Straße folgen

Ehe wir uns auf die Straße begeben, schauen wir immer erst links, dann rechts und dann wieder links. Diese Regel gilt auch, wenn ein Ball auf die Straße rollt. Besser ist es, in so einer Situation eine*n Erwachsene*n um Hilfe zu bitten.

Der Unfall

Stefanie und Fritz treffen sich am Nachmittag mit ihren Freunden auf dem Spielplatz. Eine Rutsche, ein Kletterturm, eine lange Seilbahn und vieles mehr gibt es dort zu entdecken. Das macht den Kindern viel Spaß und sie toben ausgiebig herum.

Auch auf dem Nachhauseweg wird auf dem Gehsteig gelacht und die Kinder sind übermütig. Da passiert es: Fritz läuft ein Stück, stolpert und rempelt dabei aus Versehen Stefanie an. Sie fällt auf die angrenzende Straße. Ein vorbeifahrender Radfahrer kann nicht mehr rechtzeitig ausweichen oder bremsen, weil auf der Gegenfahrbahn ein viel zu schnelles Auto heranbraust. Klingeln hilft jetzt auch nichts mehr. Der Radfahrer erwischt Stefanie mit seinem Rad am Bein und stürzt über sie drüber auf die Fahrbahn. Oje, das sieht schlimm aus!

Der Autofahrer hat in der Zwischenzeit angehalten, schaltet seine Warnblinkanlage ein und stellt ein Warndreieck auf, um die Unfallstelle abzusichern. Mama läuft währenddessen aufgeregt herbei und kümmert sich um die beiden Verletzten. Den anderen Kindern ruft sie zu, ruhig auf dem Gehsteig stehen zu bleiben.

Stefanie hat große Schmerzen im Bein. Der Radfahrer blutet am Kinn und am Knie. Gott sei Dank hat er einen Fahrradhelm getragen! Die anderen Kinder stehen erschrocken auf dem Gehsteig und rühren sich nicht von der Stelle. Fritz hat ein furchtbar schlechtes Gewissen, weil er so herumgealbert hat und unvorsichtig war.

Der Autofahrer hat in der Zwischenzeit den Rettungsdienst angerufen und Gott sei Dank ist er schnell am Unfallort, um die Verletzten zu versorgen. Die Polizei ist auch schon anwesend und schreibt ganz genau auf, was passiert ist. Der Krankenwagen bringt die beiden Verletzten ins Krankenhaus, wo sie untersucht werden. Stefanies Bein ist gebrochen und wird in Gips gelegt, damit es richtig heilen kann. Der Radfahrer hat eine Gehirnerschütterung. An seiner Platzwunde am Kinn und am Knie wird er genäht. Beide müssen eine Nacht zur Beobachtung im Krankenhaus bleiben und dürfen dann wieder nach Hause.

Die Polizei besucht die Kinder am nächsten Tag in der Kita und zu Hause und erklärt ihnen ausführlich, wie sie sich im Straßenverkehr am besten verhalten sollen, um Unfälle zu vermeiden.

© Julia August – Shutterstock.com

Impulsfragen

- **Wisst ihr, was Fritz falsch gemacht hat?**
- **Wie ist euer Verhalten auf dem Gehsteig neben der Straße?**
- **Kennt ihr die Notrufnummer für den Rettungsdienst?**

Anschnallen nicht vergessen

Papa, Fritz und Franz möchten die Großeltern besuchen. Sie wohnen gar nicht weit entfernt von ihnen. Trotzdem fahren sie heute mit dem Auto. Die Jungs steigen wie immer hinten ein und Papa schlägt die Autotür hinter ihnen zu. „Papa, anschnallen!", ruft Fritz nach vorn zu seinem Vater. „Ach, das ist nicht notwendig, wir fahren ja eh nicht so weit und hier ist es nicht so gefährlich", antwortet Papa und gibt bereits Gas, ohne sich und die Jungs anzuschnallen.

Sie fahren ein kleines Stück. Als sie um die Kurve fahren, läuft plötzlich Fipsi, der Hund von Frau Maier, auf die Straße, um der Nachbarskatze hinterherzujagen. Damit hat Papa nicht gerechnet. So muss er nun blitzschnell reagieren und ganz fest auf die Bremse treten, denn er will Fipsi ja nicht überfahren.

Papa, Fritz und Franz werden im Auto ordentlich nach vorn geschleudert. Die Jungs rutschen aus ihren Kindersitzen und Papa berührt mit seinem Kopf fast die Windschutzscheibe. „Hilfe!", schreit Fritz. „Aua!", ruft Franz und beginnt, zu weinen. Papa hat sich auch ordentlich erschreckt. Er macht sich nun schreckliche Vorwürfe, weil sie sich nicht angeschnallt haben.

Zum Glück ist Papa und den Jungs nichts passiert. Es war ja nur eine kleine Nebenstraße, auf der man gar nicht so schnell fahren darf. Er entschuldigt sich bei Fritz und Franz und erklärt, dass es wirklich dumm war, sich nicht anzuschnallen. Und so merken sich alle drei für die Zukunft, sich im Auto immer anzuschnallen, auch wenn die Strecke kurz ist.

© Kastoluza - Shutterstock.com

Impulsfragen

- **Schnallen sich eure Eltern immer an?**
- **Habt ihr einen passenden Kindersitz?**
- **Schnallt ihr euch selbst an oder machen das eure Eltern?**
- **Haben eure Eltern auch mal so stark bremsen müssen?**

© Nina Novikova – Shutterstock.com

Gut sichtbar

Valeries Mama will heute eine neue Regenjacke, eine Regenhose und Gummistiefel für Valerie kaufen. Sie ist nämlich mächtig gewachsen. Neue Turnschuhe braucht sie auch noch.

Als Mama mit den neuen Sachen nach Hause kommt, wundert sich Valerie. Warum haben sie so komische silberne Streifen an den Armen, Beinen, am unteren Jackenrand, an der Kapuze und an den Stiefeln? Auch die Turnschuhe haben feine glitzernde Streifen an der Seite. Die sehen aber cool aus.

Mama erklärt ihr, dass die Streifen sehr wichtig sind im Straßenverkehr. „Weißt du, Valerie, die Autofahrer und Autofahrerinnen können dich so besser sehen. Die Streifen glitzern und glänzen nämlich, sodass man dich besser erkennen kann. Und wenn es dunkel wird und das Scheinwerferlicht der Autos darauf scheint, leuchten sie sogar."

Das muss Valerie unbedingt ausprobieren. Als es dunkel wird, zieht sie ihre neuen Sachen an und geht mit ihrer Mama vor die Haustür. Sie nehmen eine Taschenlampe mit, denn Mama möchte ihr damit etwas zeigen: „Schau, Valerie, du gehst jetzt am Gehsteig spazieren. Ich bin jetzt das Auto auf der Straße mit Scheinwerferlicht. Wenn ich damit nun deine Streifen anscheine, kann ich dich als Autofahrerin besser sehen und dir ausweichen." „Das ist aber toll!", sagt Valerie. „Dann komme ich sicher nach Hause zurück!"

Am nächsten Tag will sie ihre neuen Sachen unbedingt ihren Freunden Paul, Markus und Marie im Kindergarten zeigen. Diese suchen gleich bei ihren Kleidungsstücken, ob sie auch solche Leuchtstreifen haben. Benni lacht und macht sich lustig über sie. „So einen Blödsinn habe ich noch nie gesehen!", ruft er laut.

Als die Erzieherin das hört, lädt sie alle Kinder in den Bewegungsraum ein. Sie verdunkelt den Raum und leuchtet mit einer Taschenlampe die Kinder und ihre Kleidung an. Dann fragt sie: „Und wen sieht man nun im Dunkeln besser? Bei wem werden die Autos rechtzeitig ausweichen oder bremsen?"

Natürlich bei allen Kindern, die Leuchtstreifen an ihren Kleidern haben oder eine Warnweste tragen. Die können sie nämlich besser sehen. Nun ist auch Benni still und nachdenklich. Er weiß jetzt, wie wichtig es ist, früh genug im Straßenverkehr gesehen zu werden. Zu Hause erzählt er sogar seiner Mama davon. Gemeinsam suchen sie auch für Benni Kleidung mit Leuchtstreifen aus. Seine Mama hat sogar noch einen reflektierenden Bären in der Schublade gefunden, den sie an seiner Kindergartentasche befestigt. Stolz zeigt er seine Sachen am nächsten Tag im Kindergarten.

Impulsfragen

- **Habt ihr auch Kleidung und Schuhe mit fluoreszierenden Streifen?**
- **Seid ihr schon einmal mit euren Eltern in der Dunkelheit an einer Straße entlanggelaufen?**
- **Haben euch die Autofahrer*innen gut gesehen?**
- **Wisst ihr, wo solche Leuchtstreifen noch angebracht sind?**

Kasperl, Gretel & Seppl – Theater

© papermoonstudio – Shutterstock.com

Genauso wie Geschichten können auch Theatervorführungen Gefahrensituationen darstellen. Auch diese bieten wertvolle Gesprächsanlässe und sind zudem auch sehr unterhaltsam.

Material

- ✔ 1 Kasperlbühne
- ✔ Figuren: Kasperl, Seppl, Gretel, Polizist
- ✔ 1 Baum als Bühnenrequisite
- ✔ 1 Verkehrsschild als Requisite
- ✔ 1 Kartonauto mit Führstab
- ✔ 1 Becken mit Schlägel
- ✔ Klebeband oder Pinnadeln

Vorbereitung

Bauen Sie die Bühne auf. Bringen Sie den Baum an einer Seite und das Verkehrsschild an der anderen Seite der Bühne an. Befestigen Sie die Kulisse und das Verkehrsschild am Rahmen. Halten Sie alle anderen Materialien bereit.

BASTELTIPP

Den Baum, das Verkehrsschild und das Kartonauto können Sie gemeinsam mit den Kindern selbst herstellen. Dazu brauchen Sie dicken Karton, Acrylfarbe und einen flachen Holzstab, an dem das Auto befestigt wird. Zeichnen Sie die Silhouette der Bilder vor, schneiden Sie sie aus und bemalen Sie sie entsprechend.

So geht's

Das Stück eignet sich gut für zwei Spieler*innen. Laden Sie Eltern dazu ein, den Kindern das Stück vorzuspielen, oder spielen Sie es mit einer weiteren erwachsenen Person vor.

Rollenverteilung

Kasperl und der Polizist werden von einer Person gespielt, Gretel und Seppl von der anderen Person.

TIPP

Bitten Sie die Kinder zu Beginn des Stücks, leise zu sein, genauso wie in einem Kino oder Theater.

Seppl und der Führerschein

Kasperl: „Servus, Kinder! Stellt euch vor, die Großmutti möchte heute wieder ihren berühmten Apfelkuchen backen. Sehr lecker kann ich euch sagen. Wie ich mich darauf freue!"

(Gretel kommt angelaufen)

Gretel: „Kasperl, leider wird's heute nichts mit dem Apfelkuchen. Die Äpfel sind aus."

Kasperl: „Kinder, das ist aber schade. Das ist mein Lieblingskuchen! Was machen wir da? Wie sollen wir zum Apfelbauern aufs Land fahren? Ich habe kein Auto und es fährt doch kein Bus dorthin."

Gretel: „Ich gehe schnell zur Nachbarin. Vielleicht hat sie noch ein paar Äpfel im Keller. Und dann helfe ich der Großmutti beim Backen! Bis später!“

(Gretel geht ab)

(Seppl schiebt aufgeregt ein Auto am Seitenrand herein)

Seppl: „Servus, Kasperl, servus, Kinder! Ich muss euch was Wichtiges erzählen. Ich habe mir ein Auto gekauft. Schau, ist das nicht toll? Komm, lass uns eine Spritztour machen. Wir sausen durch die Straßen und lassen uns den Fahrtwind um die Nase wehen. Das wird bestimmt lustig.“

Kasperl: „Ah, wie soll das gehen? Du hast doch keinen Führerschein!“

Seppl: „So ein Blödsinn, den brauche ich nicht. Das kann doch nicht so schwer sein. Ich schaffe das bestimmt auch ohne diesen Schein.“

Kasperl: „Und was bedeutet rotes Licht an der Ampel?“

Seppl: „Was für eine Ampel? Was ist das überhaupt? Keine Ahnung!“

Kasperl: „Und was muss man bei diesem Verkehrszeichen beachten?“

(Kasperl zeigt auf das Verkehrszeichen hinter sich am Bühnenrand)

Seppl: „Das weiß ich doch nicht. Das kann doch nicht so wichtig sein. Das ist mir wurscht, oder?“

Kasperl: „Und wo ist im Auto das Gaspedal und wo die Bremse?“

Seppl: „Das finde ich schon heraus!“

Kasperl: „Seppl, so geht das nicht!“

Seppl: „Na gut, dann fahre ich allein los, wenn du nicht willst!“

(Seppl steigt in das Auto und fährt wild und herum.)

Kasperl: *(springt zur Seite)* „Zu Hilfe! Seppl, hast du närrische Schwammerl gegessen?“

(Da kracht Seppl auch schon in den nächsten Baum hinein. Er steigt weinend aus.)

Seppl: „Oje, mein schönes, neues Auto ist kaputt und mein Kopf tut so weh!“

Kasperl: „Ich habe dir doch gleich gesagt, dass du Autofahren zuerst lernen musst. Und stell dir vor, wenn die Gretel oder sonst wer gerade über die Straße gelaufen wäre? Dann hättest du sie niedergefahren!“

Seppl: „Dann wäre sie schlimm verletzt und müsste ins Krankenhaus! Ach, ich schäme mich so!“

(Da kommt der Polizist herein)

Polizist: „Was ist denn hier passiert?“

Seppl: „Ich bin mit dem Auto in den Baum gefahren.“

Polizist: „Hast du zu viel Alkohol getrunken?“

Seppl: „Nein, nur Apfelsaft und Milch!“

Polizist: „Hast du dich nicht an die Verkehrsregeln gehalten und bist zu schnell gefahren?“

Seppl: „Verkehrsregeln? Wieso denn das? Was ist das? Ich bin so schnell gefahren, wie es Spaß macht!“

Polizist: „Dann musst du mir nun deinen Führerschein zeigen.“

Seppl: „Welchen Schein?“

Polizist: „Den Führerschein!“

Seppl: „So einen habe ich nicht. Wo kann man den kaufen?“

Polizist: „Den kann man nicht einfach so kaufen. Dafür muss man in die Fahrschule gehen. Dort lernt man die Verkehrsregeln, alle Verkehrszeichen und wie man mit dem Auto fährt. Dann musst du eine Prüfung machen. Erst wenn man diese bestanden hat, bekommt man den Führerschein und darf offiziell mit dem Auto fahren.“

Seppl: „Ojemine, das habe ich nicht gewusst.“

Polizist: „Leider, sonst wäre das Auto jetzt vielleicht nicht kaputt. Und Strafe musst du auch bezahlen. Das hättest du dir erspart.“

Seppl: „Das ist ja schlimm. So einen Blödsinn mache ich bestimmt nicht mehr.“

Kasperl: „Zum Glück ist niemand verletzt worden!“

(Polizist geht weg)

Gretel: *(ruft herein)* „Kasperl, Seppl, der Apfelkuchen ist fertig!“

Kasperl: „Fein, auf den freue ich mich jetzt! Komm Seppl, und morgen früh gehen wir gleich zur Fahrschule, damit du das Autofahren richtig lernst und nicht noch mehr Dummheiten machst!“

Seppl: „Bestimmt nicht Kasperl, großes Ehrenwort! Nie mehr!“

(Beide gehen ab)

9 Elternbrief

Liebe Eltern,

Verkehrserziehung beginnt bereits im Kleinkindalter. Im Vorschulalter hat sie einen noch höheren Stellenwert, da das regelmäßige Üben zu mehr Sicherheit und Routine im Straßenverkehr beiträgt.

Was können Sie zu Hause beitragen?

- Achten Sie auf eine gute Vorbildwirkung nach dem Motto: „Große schützen Kleine", da die Kinder auch negatives Verhalten nachahmen.
- Lob motiviert Kinder und verstärkt richtiges Verhalten im Straßenverkehr.
- Achten Sie bei Ihren Kindern auf helle Kleidung, um besser gesehen zu werden, besonders in der Abenddämmerung oder bei Regen. Warnschutzwesten und Reflektoren sind eine sinnvolle Ergänzung bei einem Spaziergang und beim Radfahren.
- Die wichtigsten Regeln für Fußgänger*innen: an der Gehsteigkante stehen bleiben, dann Blickkontakt mit dem*der Autofahrer*in aufnehmen und ihm*ihr ein sichtbares Handzeichen geben, um zu signalisieren, dass man die Straße überqueren will. „Schau zuerst links, rechts, links. Erst wenn die Räder stillstehen, überqueren wir die Straße!"
- Lassen Sie Ihr Kind an der Innenseite des Gehsteiges gehen, das ist die sichere Seite.
- Beim Radfahren setzen alle einen passenden Helm auf. Dieser schützt den Kopf vor schweren Verletzungen bei Stürzen. Überprüfen Sie den richtigen Sitz der Helmgurte sowie die Katzenaugen und Rückstrahler am Fahrrad. Schnallen Sie die Kinder im Kindersitz immer an.
- Schnallen Sie sich und Ihr Kind im Auto immer an, auch wenn Sie nur kurze Strecken fahren. Die Kinder sollten auf der Rückbank in einem geeigneten Kindersitz sitzen.
- Üben Sie im Alltag mit den Kindern das Unterscheiden von links und rechts. Im Straßenverkehr ist es überlebensnotwendig, zuerst in die richtige Richtung zu schauen, aus der der Verkehr als Erstes auf Sie zukommt. Das ist immer links.
- Üben Sie mit Ihrem Kind, in vielen Situationen die Straße zu überqueren, z. B. auf dem Weg zur Kita oder beim Einkaufen. So gewinnt Ihr Kind mehr Sicherheit und Routine im Straßenverkehr. Nehmen Sie sich dafür Zeit, diese Wege bewusst und ohne Stress zu bewältigen.

Warum ist Verkehrserziehung wichtig?

Vorschulkinder haben eine eingeschränkte und verzögerte Wahrnehmung. Sie können Entfernungen und Geschwindigkeiten noch nicht richtig und rechtzeitig einschätzen. Nach vorn gerichtet, haben sie einen eingeschränkten Blickwinkel. Geräusche werden von Kindern anders wahrgenommen als von Erwachsenen. Sie nehmen Gefahren nicht als solche wahr.
Aufgrund ihrer geringen Körpergröße können sie nicht über parkende Autos hinwegsehen und sind leicht ablenkbar, z. B. durch einen Hund oder einen rollenden Ball.
Ihre Reaktionsfähigkeit ist auch noch nicht so weit entwickelt, dass sie bei einer Gefahr abrupt stehen bleiben können.

Die Verkehrserziehung in der Kita stellt eine sinnvolle Ergänzung zum Elternhaus dar, kann diese aber niemals ersetzen. Durch wiederholtes Üben auf der Straße schaffen Sie wichtige Voraussetzungen, damit Ihr Kind mehr Sicherheit im Straßenverkehr erlangt.

Wir wünschen viel Erfolg beim Üben!

Ihr Kita-Team

© Verlag an der Ruhr | Autorin: Andrea Sölkner | www.verlagruhr.de

10 Gedichte und Lieder

Hören und merken – Gedichte

Gedichte sind eine sehr schöne Art für Kinder, sich Themen anzunähern. Sie lernen Wortspiele kennen, verspüren danach auch selbst Lust, mit Worten zu spielen und eigene Reime zu bilden. Durch das rhythmische Sprechen können sich Kinder Inhalte viel besser merken.

Ampel

Rot, das ist ein Stoppsignal,
siehst du es, dann wart einmal.
Gelb heißt noch ein wenig warten
und bei Grün, da kannst du starten!

Schnall dich im Auto immer an,
damit dir beim Unfall nichts passieren kann.
Der Anschnallgurt, so soll es sein,
schützt alle Leute, groß oder klein.
Er sorgt für deine Sicherheit,
immer und zu jeder Zeit!

Bei Rot musst du warten,
bei Rot gib gut acht,
bei Grün kannst du starten,
so wird's gemacht!

Erst links-rechts-links, so bleibst du stehn,
vom Gehsteig kannst du die Autos sehn.
Erst links-rechts-links, so bleibst du stehn,
wenn die Autos stillstehn, darfst du gehn.
Im Straßenverkehr,
da gib gut acht,
lass dir Zeit,
so wird's gemacht!

Texte: Andrea Sölkner

Alle meine **Fingerlein,**
wollen Polizisten sein.

Der **erste** ist der Polizist,
der dein Freund und Helfer ist.

Der **zweite** hält den Dieb gefangen,
da müssen wir nicht weiter bangen.

Der **dritte** regelt den Verkehr,
das fällt ihm meistens gar nicht schwer.

Der **vierte** winkt das Auto rein,
er sorgt für Ordnung, das ist fein.

Der **fünfte** sagt dir und jedem Kind,
dass 110 und 112 die Notfallnummern sind.

Illustrationen © Ermakova Marina – alle Shutterstock.com

„Schau mal her, ich bin fit im Straßenverkehr“ – Lied

Schau mal her, ich bin fit im Straßenverkehr

Text und Melodie: Andrea Sölkner

D A D A D A D A
Schau mal her, schau mal her, ich bin fit im Stra – ßen-ver-kehr.

5 D A D A D A D A
Schau mal her, schau mal her, ich bin fit im Stra – ßen-ver-kehr.

9 D A D A
1.Die Am-pel zeigt das ro – te Licht, da blei-ben al – le stehn, und siehst du dann das

12 D A D
grü – ne Licht, kannst si – cher rü – ber – gehn.

1. Die Ampel zeigt das rote Licht, da bleiben alle stehn,
und siehst du dann das grüne Licht, kannst sicher rüber gehn.

2. Ich bleibe auf dem Gehsteig stehn, da kann ich alles sehn,
schau links, rechts, links, die Autos stehn, dann darf ich rübergehn.

3. Den Helm setz ich auf meinen Kopf, fahr mit dem Fahrrad aus,
so schützt er mich bei einem Sturz, ich komme gut nach Haus.

4. Mein Platz im Auto sicherlich, ist in dem Kindersitz,
ich schnall mich an und bleibe dort, das ist bestimmt kein Witz.

5. Ich trage helle Kleidung, damit man mich gut sieht,
auch Reflektoren schützen mich, damit mir nichts geschieht.

© Ermakova Marina – Shutterstock.com

Bildkarten: **Fliegenklatsche – Welches Geräusch passt?**

© Rawpixel.com – Shutterstock.com

© stockphoto-graf – Shutterstock.com

© Vergani Fotografia – Shutterstock.com

© Monkey Business Images – Shutterstock.com

© ddisq – Shutterstock.com

© Onjira Leibe – Shutterstock.com

© GordanD – Shutterstock.com

© Sailorr – Shutterstock.com

© Verlag an der Ruhr | Autorin: Andrea Sölkner | www.verlagruhr.de

Bildkarten: **Verkehrszeichen 1/2**

© stockphoto-graf – Shutterstock.com

© stockphoto-graf – Shutterstock.com

© stockphoto-graf – Shutterstock.com

© stockphoto-graf – Shutterstock.com

© Verlag an der Ruhr | Autorin: Andrea Sölkner | www.verlagruhr.de

Bildkarten: **Verkehrszeichen 2/2**

© stockphoto-graf – Shutterstock.com

© stockphoto-graf – Shutterstock.com

© stockphoto-graf – Shutterstock.com

© stockphoto-graf – Shutterstock.com

© Verlag an der Ruhr | Autorin: Andrea Solkner | www.verlagruhr.de

Liste: **Verkehrszeichen**

Wie oft entdeckst du dieses Verkehrszeichen?

© Verlag an der Ruhr | Autorin: Andrea Sölkner | www.verlagruhr.de | Verkehrsschilder © stockphoto-graf – Shutterstock.com

Arbeitsblatt: **Welches Fahrzeug fährt links, welches rechts?**

Kreuze alle Fahrzeuge, die nach links fahren, mit einem roten Stift an und alle Fahrzeuge, die nach rechts fahren, mit einem blauen Stift.

© GordanD – Shutterstock.com	© RikoBest – Shutterstock.com	© stockphoto-graf – Shutterstock.com
© Whitevector – Shutterstock.com	© MiloVad – Shutterstock.com	© Bragapictures – Shutterstock.com
© Dimitris Leonidas – Shutterstock.com	© RikoBest – Shutterstock.com	© Nerthuz – Shutterstock.com
© Whitevector – Shutterstock.com	© Tommy Alven – Shutterstock.com	© Dimitris Leonidas – Shutterstock.com
© MiloVad – Shutterstock.com	© stockphoto-graf – Shutterstock.com	© GordanD – Shutterstock.com
© Nerthuz – Shutterstock.com	© Tommy Alven – Shutterstock.com	© Bragapictures – Shutterstock.com

© Verlag an der Ruhr | Autorin: Andrea Solkner | www.verlagruhr.de

Bildkarten: **Hand links und rechts**

© Fresh_Studio – Shutterstock.com

© Fresh_Studio – Shutterstock.com

© Verlag an der Ruhr | Autorin: Andrea Solkner | www.verlagruhr.de

Fußgängerpass

Vorlage Pass, halbieren und dann doppelseitig die obere und die untere Hälfte zusammenkopieren.

hier falten

- ◯ Bedeutung der Ampel
- ◯ wichtige Verkehrszeichen
- ◯ richtiges Verhalten auf der Straße (Theorie: Spiele)
- ◯ richtiges Verhalten auf der Straße (Praxis: die Straße überqueren)

Prüfung bestanden, am

....

....
Stempel/Unterschrift

Verkehrsschilder © Veronika_Decart, Fußspur © MicroOne – beide Shutterstock.com

Fußgängerpass

von

....

Name ....

hat alle Aufgaben und Übungen aufmerksam durchgeführt. Der*die Inhaber*in des Fußgängerpasses kennt alle wichtigen Straßenverkehrsregeln und beachtet sie.

- ◯ Ich bleibe an der Gehsteigkante stehen, schaue links, rechts, links und überquere erst dann die Straße.
- ◯ Ich überquere die Straße an einer übersichtlichen Stelle, an einer Ampel oder an einem Zebrastreifen.
- ◯ Ich balanciere nicht am Gehsteigrand und gehe ordentlich in der Reihe hintereinander.
- ◯ Reaktionstest (Bewegungsraum)
- ◯ Unterscheidung von links und rechts
- ◯ sichere Kleidung
- ◯ Bedeutung des Anschnallens

© Verlag an der Ruhr | Autorin: Andrea Sölkner | www.verlagruhr.de

Medientipps

Musikempfehlungen:

CD von Rolf Zuckowski:

Album „Rolfs neue Schulwegparade", Polydor 2009
„Zwischen den Autos"
„Mein Platz im Auto ist hinten"
„Das Auto bleibt stehen"

Album „Schau mal, hör mal, mach mal mit", Polydor 2002
„Links und rechts"

CD von Detlev Jöcker:

Album „Tamusiland", Menschenkinderverlag 2010
„Ich schau nach links"

Album „Achtung Kinder! Aufgepasst", Menschenkinderverlag 2016
„Wir sind die Straßen-Dektive"
„Eins, eins, null"

CD von Simone Sommerland, Karsten Glück und die Kitafrösche:

Album „Die 30 besten Lernlieder zum Mitsingen", Universal Music 2011
„Ich pass auf Autos auf"
„Was zieh ich an"

Literatur:

„Das kleine Hexen 4x4", Spielmappe zur Verkehrserziehung im Kindergarten
3-6 Jahre, Kuratorium für Verkehrssicherheit Österreich, überarbeitet 2007